MEMOIRE

POUR Meſſire Hyacinte-Louis Aubert de Saint - Georges, du Petit - Thouars, Chevalier de Saint Louis, ancien Commandant des Volontaires de Soubiſe, Seigneur de Cande-Orval & Saint-Germain-les-Candes, la Forêt, &c. Intimés.

CONTRE *Meſſire* Pierre 6-Brenan, *Curé de la Paroiſſe de Jugiers, héritier bénéficiaire & ayant repris en cette qualité au lieu du Sieur* Mapother, *auſſi héritier bénéficiaire du Marquis* de Lestorieres;

Et contre les Créanciers unis dudit Sieur Marquis de Lestorieres, *Appellants.*

GRAND'.
CHAMBRE
ET
TOURNELLE
ASSEMBLÉES.

LE Chevalier du Petit-Thouars, incapable d'une action déshonorante, ſçait que ſa conduite eſt ſans reproche; cette conviction, ſi elle ſuffit à ſa tranquillité, ne ſuffit pas à ſa délicateſſe.

Le reſpect qu'il doit à l'Ordre dont il eſt revêtu, lui impoſe

A

la loi de se justifier publiquement, & de prouver que l'ouverture d'un Secrétaire qu'on présente comme un crime,
étoit un devoir pour lui ; il en fut chargé par un motif honnête ; il exécuta cette mission en présence de plusieurs
personnes, & sous les yeux de celui qui ne vouloit pas qu'on
trouvat des traces de ses passions après sa mort.

Dans une accusation de cette nature, il faut considérer
les motifs, le genre de preuve, l'état & les mœurs du prévenu.

Les mœurs sont les qualités de l'ame : elles sont bonnes
ou mauvaises, suivant son élévation ou sa bassesse ; elles sont
formées par les exemples & se manifestent par les actions.

L'on ne doit donc pas supposer qu'un ancien Militaire, un
Chef de Corps, parvenu à la plus haute estime, ait com-
promis cinquante années de vertus & de gloire ; plus que
d'autres, les Officiers François connoissent le prix de l'honneur, de l'amitié & de la confiance, ils s'éloignent diffici-
lement des impressions de ses sentiments.

Pour avoir rendu service à un parent, lui avoir prêté de
l'argent, avoir reçu son remboursement, avoir accepté une
mission qui ne pouvoit être confiée qu'à un homme discret,
le Chevalier du Petit-Thouars auroit-il moins droit à l'estime
publique ? On peut outrager un homme d'honneur, mais
il est impossible de le déshonorer.

Des ennemis méchants ont essayé de lui ravir la consi-
dération dont il jouit, sous l'insidieux prétexte d'une
spoliation de la succession du Marquis de Lestorieres, d'une
soustraction de contre-lettre, d'argent & d'effets royaux.

Cette accusation a été hasardée & soutenue avec une
hardiesse incroyable ; pour l'accréditer, on a calomnié

cruellement la vie du Chevalier du Petit-Thours, par des délations, injurieuses, fausses, & étrangères au procès.

On n'a pas craint d'employer les ressorts les plus perfides pour soulever le public & tromper les Magistrats.

Quatre libelles effrénés ont été publiés avec la plus grande profusion, dans la Capitale, à la Cour & dans les provinces; cette diffamation a eu pour objet de l'intimider, & de l'amener à un arrangement. Il auroit succombé sous le poids de la calomnie, s'il n'eût trouvé du courage & des forces dans le témoignage consolant d'une conscience irréprochable & pure, dans cette voix intérieure & secrette, l'honneur, qui est le premier juge de l'homme de bien.

Une Sentence du Châtelet l'a déjà vengé, en le déchargeant de l'accusation. Cette Sentence doit être confirmée par les seuls Magistrats qui puissent faire triompher avec éclat l'outrage fait à un Gentilhomme, il attend leur décision avec une respectueuse confiance, & la sécurité que l'innocence & la vérité inspirent. Il doit être sans crainte, puisque le procès ne présente aucun délit, & qu'on n'y trouve aucune preuve des chefs de l'accusation, son innocence est justifiée par les témoins mêmes, & des pièces qui établissent qu'il avoit fait des avances pour le Marquis de Lestorieres.

F A I T.

Le Chevalier du Petit-Thouars est d'une ancienne origine noble de la Province du Poitou, puis, transportée en Touraine, elle remonte à l'an 1200.

Il entra au service à l'âge de 11 ans, dans le Régiment de Noailles, depuis de Saint-Chamond; il quitta ce Corps en 1760, pour être fait Commandant des Volontaires de Soubife ; il a mérité l'eftime de fes Supérieurs, & les récompenfes qu'il a reçues pour prix de fes fervices.

Le Chevalier n'eft point fans fortune, comme fes Adverfaires le prétendent. Il eft propriétaire de deux Terres, d'Orval & de S. Germain-les-Candes en Touraine, valant plus de cent mille écus. Il trouvoit dans fon économie le moyen d'obliger fes amis ; il pourroit invoquer la notoriété de ceux qui connoiffent fon caractère facile , avec ce penchant d'être utile : il a trouvé une infinité de perfonnes qui lui ont fait des emprunts ; il a un porte - feuille de plus de 100,000 livres , dues par plufieurs débiteurs.

Il étoit lié d'une étroite amitié avec le Marquis de Leftorieres fon parent ; les paffions, un goût excéffif pour la dépenfe & le jeu, fixoient entièrement le Marquis. Dans fes befoins fans ceffe renaiffants, il avoit recours au Chevalier, il lui a donné des confeils fages, & fourni à tout ce qui lui étoit néceffaire. Plufieurs fois il a prévenu les pourfuites rigoureufes de fes créanciers. D'autrefois, il lui a donné de l'argent pour le faire fortir de prifon; il lui a prêté différentes fommes pour l'aider à fe foutenir, & faire la dépenfe d'un procès confidérable avec la maifon de l'Eftanduere. Ces premières avances, outre les frais du procès, montoient à plus de 30,000 liv.

Il a payé en outre 6000 liv. d'une part, & 25,000 liv. d'une autre, que le Marquis étoit obligé de rendre à deux perfonnes, ces deux fommes font juftifiées au procès. Le Chevalier du Petit-Thouars n'en a point parlé dans le cours de l'inftruction : il a cru qu'il lui fuffiroit de produire les lettres & titres qui établiffent les paiements : la qualité de créancier pour les autres objets, fe trouve heureufement

juſtifiée par des lettres écrites par le Marquis de Leſtorieres à Mademoiſelle du Petit-Thouars , ſœur du Chevalier.
Il ne peut produire les titres & renſeignemens de ſes
créances , attendu qu'ils ont été remis au Marquis de Leſtorieres lors du paiement qu'il fit au Chevalier. Il doit lui
ſuffire d'établir qu'il avoit des créances ſur le Marquis
de Leſtorieres. Ce point de fait eſt conſtant , d'après
les lettres écrites à la Demoiſelle du Petit-Thouars.

Dans une première lettre du 9 Janvier 1774 , le Marquis
écrit : « Je ſuis actuellement occupé , ma chère Couſine ,
» à m'arranger avec mes Créanciers , vous jugez bien que
» je n'oublierai point le Chevalier ».

Dans une ſeconde du 29 du même mois , il lui marque :
« Mes affaires ſont enfin terminées , ma chère Couſine ,
» j'ai tranſigé d'une manière dont je ſuis très-content ; on
» m'a donné 50,000 écus & la Verrerie. Je ſuis occupé à
» m'arranger avec mes Créanciers , vous jugez bien que je
» n'oublierai pas le Chevalier ».

Dans une troiſième on trouve : « Je donne des contrats
» au Chevalier qu'il va vendre pour nous acquitter enſemble :
» ce ſont des rentes ſur la Ville , qui m'ont été données par
» mes nièces ».

Ces trois lettres prouvent le fait eſſentiel , qu'il étoit dû
par le Marquis de Leſtorieres , au Chevalier du Petit-
Thouars ; outre ſes prêts & avances , ſa ſœur lui prêta
quatre actions en 1770 , pour le faire ſortir de priſon , ce
fait eſt encore établi par une lettre écrite par le Marquis
de Leſtorieres à Mademoiſelle du Petit - Thouars le 11
Mars 1771 : *Je commence , ma chère Couſine , par ce qui vous*

intéreſſe, Me. Felize, Notaire, aura dans le mois l'argent des actions.

Le Chevalier du Petit-Thouars apprit l'arrangement que le Marquis de Leſtorieres avoit fait avec les héritiers de l'Eſtanduere : il reçut 150,000 liv. en contrats, & preſſa le rembourſement de ſes avances ; le Marquis de Leſtorieres le promit ſur la vente de ſes contrats ; il lui en remit une partie pour les faire vendre ; le Chevalier en chargea Me. Gaillard, Notaire ; il ne trouva pas le taux courant ; le Marquis de Leſtorieres les retira pour les faire vendre par le ſieur Autran, Agent de Change ; ſa négociation produiſit plus ; ſuivant ſon bordereau, la vente ſeporta à 59,344 liv. 10 ſols ; c'eſt ce qui a produit l'obligation des 60000 liv. prêtées au Comte de Maillebois.

Le Chevalier du Petit-Thouars étoit dans la plus grande ſécurité ; il eſpéroit recevoir le paiement de ſes avances ; il n'avoit aucune connoiſſance d'une deſtination particulière que le Marquis de Leſtorieres ſe propoſoit envers le Comte de Maillebois ; il voulut diſpoſer de ſon argent ; il exigeoit des conditions qui ne s'effectuèrent point : le Comte de Maillebois en propoſa d'autres qui ne rempliſ-ſoient pas les vues du Marquis de Leſtorieres. Ces différentes propoſitions établies par des lettres, employèrent un intervalle de quatre jours ; c'eſt du 16 au 20 Avril 1774, que cette deſtination fut projettée & manquée ; elle a été faite à l'inſçu du Chevalier du Petit-Thouars.

Le Marquis de Leſtorieres, ayant changé de projet, ſe trouvant des deniers libres dans les mains, & étant preſſé par le Chevalier du Petit-Thouars, crut, ſur les reproches qu'il lui fit, qu'il étoit autant de ſa juſtice que de fon honnêteté de fe libérer envers un parent qui l'avoit obligé dans toutes les occafions. Un homme plus attentif aux affaires & moins diffipé , auroit fait précéder cette libération d'un compte , d'une quittance , de démarches , &c., mais le Marquis de Leftorieres la fit d'une manière différente, on n'en fera pas étonné, quand on confidérera fon caractère & fa manière d'être. Il étoit partagé entre les foins d'un Courtifan & les plaifirs ; tout Paris a connu l'emploi de fon temps: il écartoit ce qui pouvoit l'affujettir & le détourner de fes paffions; compter & aller chez un Notaire, étoit une affaire pour lui : il fe libéra autrement , il dit au Chevalier du Petit-Thouars : *prenez l'argent de mes contrats , je vous le donne fi j'éteins ma dette & au-delà ; je fuis bien affuré de vous retrouver au befoin.*

Ceux qui ont vécu avec le Marquis de Leftorieres, le reconnoîtront à ce trait: Un arrangement ou tranfmiffion de propriété d'argent, n'exige pas de forme quand un homme n'eft pas en banqueroute, ou que la Juftice & des créanciers n'ont pas la main fur un objet mobilier. On peut le remettre comme l'on veut: la volonté & la tradition fuffifent.

Le Marquis de Leftorieres fut avec le Chevalier du Petit - Thouars chez M. de Laleu , il dit à ce Notaire fes intentions , de remettre fon argent au Chevalier; celui-ci remit au Marquis de Leftorieres les reconnoiffances, titres notes, lettres & renfeignements qu'il avoit de fes créances. Devenu en poffeffion , par cette tradition , il a pu fe regarder comme légitime propriétaire de l'argent; il l'étoit, & en a difpofé comme lui appartenant.

Le Comte de Maillebois n'ayant pû s'accorder avec le

Marquis de Leſtorieres, leurs négcciations étant rompues, engagea le Chevalier du Petit-Thouars de lui prêter : le connoiſſant très-bon, étant ſon ami depuis 40 ans, ayant ſervi ſous ſes ordres, eſpérant y ſervir encore, le Chevalier du Petit-Thouars, plus facile & moins exigeant que le Marquis de Leſtorieres, ne fit pas de difficulté de conſentir de lui prêter ſur ſa ſimple obligation, il ajouta 656 liv. aux 59,344 liv. pour faire les 60,000 liv. : il les prêta au Comte de Maillebois par obligation du 20 Avril 1774.

Par cet acte, c'eſt le Chevalier du Petit-Thouars qui prête ; c'eſt de lui que le Comte de Maillebois reçoit ; c'eſt envers lui qu'il s'oblige de rendre dans dix-huit mois la ſomme empruntée.

Le Marquis de Leſtorieres n'a été pour rien dans cet acte ; les deniers ne lui appartenoient plus : il perdit la propriété par la tranſmiſſion qu'il fit au Chevalier du Petit-Thouars.

Le Marquis de Leſtorieres fut attaqué de la petite vérole vers le milieu de Mai 1774 ; il n'avoit que le Chevalier du Petit-Thouars dont il pût reclamer les ſecours. Il lui écrivit le 17 Mai *de venir pour affaires preſſées & graves.* *

Il l'envoya éveiller & chercher deux nuits de ſuite, la troiſième fois, *il lui déclara qu'il avoit la petite vérole.* Il demanda un entretien particulier, enſuite il donna ordre à ſon Valet - de - Chambre, devant tous ſes domeſtiques & les deux gardes malades, de remettre la clef de ſon ſecrétaire au Chevalier du Petit - Thouars, le pria de ne pas le quitter. Il paſſa ſix jours & ſix nuits à donner des ſoins à ſon ami, fit appeller un Médecin, admi- niſtrer les remèdes. Voyant le mal s'accroître, il engagea ſon parent de mettre ordre à ſes affaires ſpirituelles &

temporelles

temporelles. La calomnie qui empoiſonne tout, a oſé répandre des ſoupçons ſur cet acte de Religion.

Le Marquis de Leſtorieres ſe voyant en danger, conjura ſon parent de lui continuer les témoignages de cette amitié tendre dont il recevoit des preuves ſi touchantes, il eut la force de lui déclarer ſes intentions, qu'il voulut être exécutées ſur le champ en ſa préſence; il lui avoit fait remettre la clef de ſon ſecrétaire; il le chargea de l'ouvrir, de prendre des lettres de femmes, de ne les faire voir à perſonne, de les renvoyer à celles qui les avoient écrites; de veiller ſur la jeuneſſe de Mademoiſelle de Mapothere, de faire pour elle tout ce qu'il feroit lui-même, de lui envoyer ſa montres & cent écus; de régler ſur le champ le compte de ſes Domeſtiques &de les payer avant ſa mort.

Cette miſſion triſte & délicate ne pouvoit être refuſée; les Domeſtiques connoiſſant l'intention de leur Maître, voyant ſon état, préſentèrent leur mémoire; ils demandèrent à compter & à être payés. Un ami du Marquis de Leſto-rieres, le Comte de Salbœuf, préſent avec le ſieur Duclos, lut les mémoires à haute voix; le Marquis de Leſtorieres s'apperçut de doubles & faux emplois & les fit rayer.

Après, le Chevalier du Petit-Thouars ouvrit le ſecrétaire en préſence des Domeſtiques & d'autres perſonnes, particulièrement du Comte de Salbœuf & de M. Dubois; il retira les lettres que le Marquis lui avoit indiquées, prit la montre & les cent écus deſtinés à Mademoiſelle de Mapothere; enſuite il ſe mit en devoir de payer les Domeſtiques; pendant cette opération, l'état du Marquis s'aggrave, il conſerve toujours néanmoins ſa préſence d'eſprit; ce changement attrista le Chevalier du Petit-Thouars : il voulut tout suspendre ; les Domestiques le supplient de terminer, le Comte de Salbœuf joignit ses instances aux leurs ; il se rendit en leur disant, « transportez donc le secrétaire dans » l'antichambre, je ne puis soutenir le spectacle que je » vois ».

Il fut obéi aussitôt, tout le monde passa dans l'antichambre, excepté les Gardes ; il continua les paiements ; donna cinquante écus de gratification au Postillon sur les représentations du Comte de Salbœuf * prit le livre de dépense du Marquis de Lestorieres, pour y ajouter les paiements qu'il venoit de faire, & ceux qu'il avoit faits pendant la maladie : à la fin de l'opération on annonça la mort du Marquis de Lestorieres.

Le Chevalier du Petit-Thouars ferma le secrétaire, donna les ordres nécessaires, envoya chercher le Commissaire pour apposer les scellés ; il lui déclara ce qu'il avoit fait, montra le paquet de lettres avec les registres, demanda s'il pouvoit les emporter ; cet Officier ne vit point d'inconvénient, & le permit.

Le Chevalier du Petit-Thouars mit si peu de mystère à garder les lettres & les registres, qu'il les eut tout l'après-midi entre son habit & sa veste : il les avoit à l'enterrement fait quatre heures après la mort du Marquis de Lestorieres. Tout le monde a pu voir ses papiers.

Ceux qui connoissent le Chevalier du Petit-Thouars, reconnoîtront à cette marche sa simplicité & sa franchise : rien n'a été caché dans sa conduite : tout a été public. L'ouverture du secrétaire, la sortie des lettres, les paiements aux Domestiques ont été faits du vivant du Marquis de

*M. de Lestorieres l'avoit recommandé ; il avoit fait les campagnes avec lui.

Leſtorieres, par ſon ordre, ſous ſes yeux, dans un temps où il avoit toute ſa connoiſſance, en préſence de témoins. Ce n'eſt pas ainſi que ſe conduit un homme qui ſpolie une ſucceſſion ; un ſpoliateur ne ſe met pas à découvert ; c'eſt dans l'ombre du myſtère qu'il agit.

Le Commiſſaire, avant d'appoſer les ſcellés, prit la déclaration & le ſerment de Boucher, Valet de chambre, & de Laſlande, Domeſtique. L'un & l'autre affirmèrent » n'avoir *vu prendre aucun effet, ni avoir connoiſſance qu'il* » *eût été rien détourné avant ni depuis le décès* ». *

Cette déclaration eſt le premier cri de la vérité. Ces deux domeſtiques ſavoient que le Chevalier du Petit-Thouars s'étoit comporté avec le plus grand ſcrupule.

Il étoit bien éloigné de s'attendre d'être accuſé de ſpoliation & de vol. Un ennemi, l'Abbé ô-Bernan, qui, par état, devroit être diſcret Religieux, & connoître le prix de l'honneur & la charité, a eſſayé de faire ſuſpecter l'honnêteté du Chevalier du Petit-Thouars : il a répandu le bruit ſcandaleux qu'il avoit ſpolié la ſucceſſion. Cé bruit fut ſuivi de lettres écrites tant au frère du Chevalier qu'à lui-même. Dans ces lettres, on y voit le projet de le diffamer & le flétrir. L'Abbé ô-Bernan, feignant un intérêt perfide pour l'honneur & la réputation du Chevalier, s'exprime dans les termes les plus affectueux & les plus touchants, afin de préparer une réponſe qui pût donner quelques couleurs à l'accuſation qu'il projettoit. Il s'eſt efforcé de tendre des pièges au Chevalier, ſous le prétexte de vouloir lui ſauver une flétriſſure. Voyant qu'il ne réuſſiſſoit pas, il changea de ton : il informa le frère du Chevalier de ſon projet de

* Voyez le premier article des ſcellés.

le diffamer à la Cour, à la Ville , avant de le tra-
duire dans les Tribunaux. *J'attends*, dit-il, *votre réponse
avant de travailler à un mémoire démonstratif, que je m'ap-
pliquerai de répandre à la Cour : c'est ainsi que nous com-
mencerons avant de passer au terme de Justice.*

C'est un Prêtre qui a violé le principe de charité & de
circonspection qui doit caractériser les Ministres de l'Eglise;
c'est l'Abbé ô-Brenan, ci - devant Curé de Juziers, à
préfent de Maniquerville en Caux , aujourd'hui l'une
des principales parties du procès, par la mort du sieur
de Mapothere , qui s'est mis à la tête de l'intrigue :
il n'a pas craint, dans l'ombre du mystère , de former le
plan de cet odieux procès, & de commencer par se faire
entendre comme témoin malgré sa parenté avec le sieur
de Mapothere. Il l'a jetté en avant avec le directeur des
créanciers du Marquis de Lestorieres : ils ont rendu plainte
contre le Chevalier du Petit-Thouars le 28 Février 1775.

On y expose, 1°. « que l'obligation de 60000 livres
» prêtées au Comte de Maillebois , n'a été mise sous le
» nom du Chevalier du Petit-Thouars que dans la vue
» de souftraire cette somme aux créanciers du Marquis
» de Lestorieres ; que le Chevalier du Petit-Thouars avoit
» donné une contre-lettre qu'il a souftraite depuis ;

» 2°. Que le Marquis de Lestorieres avoit acheté &
» payé un cabriolet trente-neuf louis d'or; que , dans la
» vue d'empêcher la saisie, il en avoit fait mettre la
» quittance sous le nom du Chevalier du Petit-Thouars ;
» qu'il l'avoit souftraite & s'étoit emparé d'une malle ,
» d'un porte-manteau & d'une paire de bottes fortes ;

» 3°. Les troisième & quatrième faits, une prétendue

» fouftraction de papiers & d'effets faite dans le moment
» de l'agonie & à l'inftant du décès du Marquis de Lef-
» torieres.

» Sur l'arrivée du Notaire, mandé, dit-on, pour le
» déterminer à faire un teftament, enfin fur le peu d'ar-
» gent qui s'eft trouvé dans le fécretaire, quoique le Marquis
» de Leftorieres eût fait changer en or, peu avant fa
» mort & pendant fa maladie, près de 10000 livres ».

Dans cette plainte, on a dénaturé les faits les plus
fimples. L'impofture a fervi de bafe à une information,
addition & continuation. On a eu grand foin de faire
entendre des témoins (*créanciers*). Les dépofitions ne
contiennent aucune preuve directe des faits de la
plainte : les dépofitions même annoncent la juftification
la plus entière du Chevalier du Petit-Thouars.

1°. Parce qu'aucun témoin n'a déclaré avoir connoiffance
de la prétendue contre-lettre, l'avoir vue, en avoir
entendu parler, ni détourné aucuns effets royaux ni
argent.

2°. Parce que ces informations prouvent encore que la
clef du fecretaire avoit été remife au Chevalier du Petit-
Thouars par Boucher, Valet de chambre, de l'ordre de
fon maître, que l'ouverture de ce fecretaire avoit été faite
de fon vivant & en préfence de témoins & des domeftiques.

Auffi le premier Juge a penfé qu'un gentilhomme qui
a fervi le Roi avec diftinction pendant cinquante ans, n'eft
pas un brigand, parce que des gens ont été affez hardis
de le dire dans une plainte. Le décret n'a pas répondu
aux efpérances des adverfaires : il fut décrété d'ajournement.

Le Chevalier du Petit-Thouars n'étant pas à Paris, il

n'eſt point de manœuvre qu'on n'ait employé pour l'humilier & le faire décréter au corps. Sa préſentation déconcerta toutes leurs vues. Il a ſubi interrogatoire : ſes réponſes ſont pleines de candeur & de ſimplicité : elles concourent avec les dépoſitions, pour prouver ſon innocence : elles déterminèrent la civiliſation de l'affaire, le renvoi à l'Audience, & enſuite la converſion des informations en enquête.

Ce parti étoit très-ſage, le procès ne préſentoit aucun délit, il anima la paſſion des Adverſaires. Ils ſe rendirent appellants, le procès fut reglé à l'extraordinaire.

Le Chevalier du Petit-Thouars a été confronté, il n'a plus été étonné de l'acharnement des Adverſaires, quand il a appris que la plupart des témoins étoient les créanciers du ſieur de Leſtorieres, il en a récuſé ſept ; *l'Abbé ô-Brenan, les ſieurs Aubry, Huberti, Haʒon, Nallet, Vautin & Duchoſal.*

Le 15 Septembre 1779, les Juges du Châtelet ont rendu à l'innocence du Chevalier du Petit-Thouars la juſtice qui lui étoit due ; la ſentence eſt ainſi conçue, « ayant égard aux
» reproches contre Pierre ô-Brenan, ſa dépoſition rejettée
» du procès, le Chevalier du Petit-Thouars eſt déchargé
» des plainte & accuſations, avec 300 liv. de dommages
» & intérêts, auxquels Daniel de Mapothere eſt condamné,
» & aux dépens ; les termes injurieux, notamment ceux
» de vol & de ſpoliation contenus dans les Requêtes
» & autres actes du procès ſupprimés, ſur le ſurplus des
» demandes les Parties renvoyées à ſe pourvoir contre
» & ainſi qu'il appartiendra, permis au Chevalier du Petit-
» Thouars, de faire imprimer & afficher la Sentence aux
» frais du ſieur Mapothere ».

La fageffe de ce jugement annonçoit aux Adverfaires que l'innocence perfécutée trouve toujours de l'appui dans la juftice & l'intégrité des Magiftrats, les Adverfaires en ont interjetté appel. Cet appel conclu, a été porté à la première des Enquêtes, le procès y a été diftribué pour être jugé comme les procès civils; dans l'inftruction les Adverfaires auroient du fe renfermer à foutenir avec décence & modération le prétendu mal-jugé de la fentence, mais une conduite auffi fage, n'auroit pas fatisfait leurs animofités; cinq libelles ont été rendus publics, des écrits purement d'inftructions, des griefs & des falvations ont été imprimés: ces fortes d'écrits ordinairement ne font que pour les Juges, on les a publiés parce qu'ils contiennent une cumulation d'injures; les Mémoires qui ont fuivi ne font pas plus ménagés, chaque page contient les expreffions outrageantes, de vol, de fpoliation, de perfidie & de parjure, un dernier écrit intitulé *réfumé général*, porte le caractère de la diffamation la plus révoltante.

Un homme de qualité *, recommandable par fa naiffance, fa conduite, fon fervice & fes dignités, a été outragé, fans être partie au procès. On s'eft permis de le faire figurer en tête du Mémoire, de l'outrager de la manière la plus indécente.

Des faits étrangers contre le Chevalier du Petit-Thouars, faits fimples & bien innocents, ont été envenimés avec la malignité la plus cruelle. Cette conduite étrange ne fervira fans doute qu'à exciter l'indignation des Magiftrats. L'objet des libelles étoit d'obtenir par la terreur & l'épouvante, ce que les Adverfaires ne peuvent avoir par l'équité & la juftice; les 60000 liv. qui font l'objet du procès, n'appartiennent qu'au Chevalier du

Petit-Thouars, il auroit néceffairement perdu dans l'eftime publique, en cédant à des vues que l'honneur le for-
çoit impérieufement de rejetter.

Sans recevoir fa décifion, le procès a été renvoyé à la
Tournelle.

Le Chevalier du Petit-Thouars a cru devoir ufer d'un
privilège attaché à fa perfonne en qualité de Gentilhomme,
c'eft le motif qui l'a déterminé à demander fon renvoi aux
Chambres affemblées ; fa confiance s'accroît, il y trouvera
l'empire de la loi ; elle eft par-tout où il y a des Juges. •

Le Chevalier du Petit-Thouars a donné fa requête , &
conclu à ce que faifant droit fur les appels & fur les reproches fournis contre les témoins créanciers, il plût à la
Cour ordonner, que les dépofitions defdits témoins feront
rejettées du procès, & que la Sentence foit confirmée
quant à la décharge de l'accufation ; que les adverfaires
foient condamnés en 50,000 liv. de dommages & intérêts ; & l'Arrêt à intervenir imprimé & affiché, & que les
60,000 liv. par lui prêtées au Comte de Maillebois lui de-
meurent comme à lui appartenants , à la fuppreffion de
tous les mémoires, & aux dépens.

M O Y E N S.

Les hommes, que la cupidité conduit, ne refpectent rien ;
elle s'étend fur la gloire, les plaifirs, les richeffes, & gé-
néralement fur tout ce qui fait l'objet des defirs, elle n'é-
coute aucun fentiment : ceux qui fe dirigent par elle grof-
fiffent tout, enveniment les actions les plus fimples pour

arriver

arriver à leurs fins & au gré de leurs paſſions. La calomnie, l'intrigue, l'impoſture ſont employées. Ils parviennent à perſuader les êtres crédules & faciles ; les hommes les plus purs ſont trop ſouvent accablés par la prévention, juſqu'à ce que la vérité la diſſipe. Le Chevalier du Petit-Thouars n'a cependant pas éprouvé les funeſtes effets de la calomnie par ceux qui ſavent apprécier les actions des hommes par leur état & leur conduite. Les perſonnes éclairées n'ont rien trouvé que de très-naturel dans les avances faites à un parent & à un ami, que de légitime dans le rembourſement qui devoit en être la ſuite ; que de ſimple dans une miſſion de confiance, tant de la part de celui qui la donne que de celui qui l'accepte & l'exécute. Cependant ces actions déterminées par un ſentiment pur, ont été traveſties en crime ; les prêts ſont, dit-on, faux. Le rembourſement des ſommes avancées n'eſt pas vrai. L'ouverture d'un ſécrétaire a eu pour objet de ſouſtraire une contre-lettre, de s'emparer d'effets royaux & d'argent comptant ; & à la faveur de ces délits imaginaires, que la cupidité a inventés, le Chevalier du Petit-Thouars eſt qualifié de vil & lâche ſpoliateur ; ce procès eſt un triſte exemple qu'avec un ſeul ennemi, les actions les plus honnêtes peuvent devenir funeſtes, & expoſer l'accuſé le plus irréprochable au feu d'une pourſuite criminelle. Le Chevalier du Petit-Thouars a vu, par l'effet de l'intrigue, l'orage le plus violent ſe former ſur ſa tête ; il parviendra à le diſſiper cet orage, en prouvant qu'il n'eſt coupable d'aucun des faics de la plainte.

Elle porte ſur trois faits principaux ;

C

1^c. La fouftraction de la prétendue contre-lettre ;

2°. La fouftraction du cabriolet ;

3°. La fouftraction de l'argent & des effets royaux ;

Ces trois faits feront difcutés féparément.

On prouvera enfuite que les 60,000 liv. qui font l'objet du procès, appartiennent bien légitimement au Chevalier du Petit-Thouars.

Avant de fe livrer à cette difcuffion, il eft néceffaire de prouver la légitimité des reproches fournis contre les témoins reprochés à la confrontation.

Reproches contre les Témoins.

Les Témoins reprochés font au nombre de fept, leurs dépofitions, quoique indifférentes, ne doivent pas refter & furcharger le procès. Ces témoins font *l'Abbé ô Brenan*, *les fieurs Aubry, Huberty, Hazon, Nallet, Vantin & Duchofal*, les reproches font valables ; celui contre l'Abbé ô Brenan eft fondé fur la difpofition de l'article 4 du tit. 22 de l'Ordonnance de 1667 ; ce témoin eft parent du fieur de Mapother ; c'eft lui qui a rendu plainte. Cet Abbé eft l'ame du procès : il a machiné des témoins ; il follicite, intrigue & caballe : on le trouve dans toutes les anti-chambres, & fur le Pont-Neuf à diftribuer des Mémoires aux Chevaliers de Saint-Louis ; fes devoirs ont été abandonnés pour fuivre un procès, qui dans l'origine lui étoit étranger.

La difpofition de l'ordonnance porte, *que les parents & alliés des Parties ne peuvent être témoins* : l'Abbé ô Brenan étoit coufin-germain de l'accufateur, & fon feul héritier ; il eft devenu partie au procès par la mort du fieur de Mapother. La Sentence a rejetté la dépofition de ce témoin ; elle doit être confirmée.

Les fix autres témoins devoient également être rejettés ; ils font créanciers du feu fieur de Leftorieres, à ce titre ils ne pouvoient être entendus dans une affaire où ils étoient intéreffés, ils ne peuvent être témoins & parties. La loi au *ff. de teftibus*, contient une difpofition expreffe, *teftis idoneus in re fua non intelligitur*. La Sentence du Châtelet ne paroît pas avoir eu égard à leurs dépofitions, mais elle ne les a pas rejettées. Elle eft dans le cas d'être infirmée.

Difcuffion des Faits de la plainte.

PREMIER FAIT.

Soustraction de la Contre-Lettre.

La première obligation d'un accufateur, eft celle de déférer un délit à la Juftice ; la feconde de le prouver. Pour l'établir, il faut que le délit foit conftant : fi la preuve n'en eft point faite, la plainte dégénere en calomnie. Celle des adverfaires eft de ce genre.

Ils ont annoncé le Chevalier coupable de fpoliation d'une contre-lettre de 60,000 liv., qu'ils ont fuppofé avoir été faite au profit du Marquis de Leftoriere, pour un prêt fait, dit-on, par lui au Comte de Maillebois : voilà l'affertion de leur plainte fur ce chef.

Pour l'accréditer, ils ont fuppofé que le Chevalier du Petit-Thouars s'étoit introduit dans le deffein de s'emparer de tout ce que le Marquis de Leftoriere avoit ; ils l'ont accufé d'avoit ouvert fon fécrétaire dans le temps de l'agonie, & de s'être emparé de la contre-lettre.

Pour jetter en avant un fait auffi capital, il falloit qu'il fût certain que la contre-lettre eût exifté, que quelqu'un eût connoiffance de cette prétendue contre-lettre, perfonne dans le monde ne l'a vue; on n'a pu connoître l'exiftence d'une pièce qui n'a jamais eu de réalité, & dont aucun témoin n'a pu parler dans l'inftruction.

Si la contre-lettre n'a jamais eu d'exiftence, le Chevalier du Petit-Thouars n'a donc pu la prendre.

Cependant, on a ofé l'accufer de l'avoir fouftraite : fes adverfaires n'ont donné pour preuve que le preftige de leur faux raifonnement, & de conféquences auffi fauffes que leur téméraire accufation. Ce n'eft pas ainfi que des accufateurs doivent établir leur fait ; c'eft par une preuve claire & précife.

Cette preuve ne pouvoit fe faire que de deux manières, par la préfentation de la contre-lettre, ou par des dépofitions de témoins, qui auroient attefté la réalité de la contre-lettre, pour l'avoir vue dans les mains du Chevalier du Petit-Thouars, & qui auroient affuré, non-feulement fon exiftence, mais qu'il l'avoit fouftraite : avec cette certitude, les adverfaires auroient droit à la Juftice.

Mais fans aucun délit, fans preuve de la réalité même de la contre-lettre, objet du prétendu délit, fur un fait invraifemblable par fa nature, par les circonftances, par les mœurs, l'état & la conduite du Chevalier du Petit-Thouars, l'avoir déféré aux Tribunaux & au public, comme fpoliateur; on ne fait ce qui doit le plus étonner, ou de la témérité de l'accufation ; ou des fuites qu'on lui a données, & de la manière dont on l'a foutenue.

La non-exiſtence de la contre-lettre, le défaut de preuve du prétendu délit, ſembleroient devoir opérer la juſtification entière du Chevalier du Petit-Thouars : mais pour ne laiſſer aucun doute ſur ſon innocence, il ſe doit à lui-même & à la juſtice, de prouver que non-ſeulement cette contre-lettre n'a pas exiſté, mais qu'il eſt impoſſible qu'elle ait été faite, étant créancier du Marquis de Leſtorieres, & ayant reçu pour le rembourſement de ce qui lui étoit dû.

Dans l'inſtruction, on ne trouve aucune mention de la prétendue contre-lettre ; aucun témoin n'en parle ; il n'en eſt queſtion que dans la plainte : a-t-il pu s'emparer d'un objet imaginaire ? Si elle n'a pas exiſtée, il eſt impoſſible qu'il l'ait priſe.

Le Chevalier du Petit-Thouars ne s'eſt pas introduit chez le Marquis de Leſtoriere dans aucun mauvais deſſein, il y a été appellé par ſon ami ; il le pria de ne pas le quitter ; il lui fit remettre la clef de ſon ſécrétaire ; il voulut que ſous ſes yeux, & en ſa préſence ce ſecrétaire fût ouvert ; pour exécuter ſes intentions ; le Chevalier du Petit-Thouars remplit ſa miſſion de prendre les lettres & de l'argent pour payer les domeſtiques en préſence de pluſieurs perſonnes, le Comte de Salbœuf, le ſieur Duclos, les domeſtiques & les gardes ont été témoins de ſon opération faite du vivant du Marquis de Leſtorieres, ayant encore toute ſa préſence d'eſprit ; aucun témoin n'a déclaré qu'il eût ſouſtrait la prétendue contre-lettre ni d'autres effets ; il ne s'eſt pas caché pour ſortir les lettres que ſon ami l'avoit chargé de prendre dans le ſecrétaire ; la clef lui fut remiſe pour cela, il n'en fit l'ouverture que ſur une autoriſation expreſſe, &

en préfence du Marquis de Leftorieres, voilà ce qui eft prouvé par l'information.

C'eft un fait conftant que le Marquis de Leftorieres fit remettre la clef de fon fecrétaire au Chevalier du Petit-Thouars ; Bouché, valet-de-chambre du Marquis de Lefto-rieres, en a dépofé expreffément. L'ouverture du fecré-taire a été faite par un motif honnête, prudent & defiré par le Marquis de Leftorieres, pour qu'il ne reftât aucune trace de lettres qui lui avoient été écrites par différentes femmes auxquelles il voulut qu'elles fuffent envoyées. Il voulut également, que fes domeftiques fuffent payés avant fa mort, & que la demoifelle de Mapother reçût fa montre & les 3co liv. qu'il lui deftinoit. Tel eft le motif de l'ouver-ture du fecrétaire ; il a été ouvert non pas clandeftinement, mais publiquement, mais en préfence de ceux qui fe font trouvés, & des domeftiques mêmes ; cela écarte toute idée de foupçon.

Rien n'autorife à croire que la prétendue contre-lettre exiftât dans le fecrétaire. D'abord elle n'a jamais été faite, & les créances, que le Chevalier du Petit-Thouars avoit fur le Marquis de Leftorieres, ne permettent pas de croire qu'il fe fût prêté à confentir cette contre-lettre ; l'argent qui lui fut donné par le Marquis de Leftorieres a été remis pour l'ac-quit & payement de ce qu'il devoit au Chevalier du Petit-Thouars.

Les lettres rapportées établiffent qu'il lui étoit dû, puif-que le Marquis de Leftorieres en écrivant à la demoifelle du Petit Thouars, marque : *Je n'oublierai pas le Chevalier ; vous jugez bien que j'acquitterai ma dette ; je donne des contrats au Chevalier pour les vendre, & nous acquitter enfemble.* On ne doit donc pas douter que le Chevalier n'eût de fortes fommes à répéter ; on n'écrit pas qu'on donne des contrats à vendre pour acquitter des fommes médiocres.

Le Chevalier du Petit-Thouars prouvant par les lettres qu'il avoit fait des prêts confidérables , & ayant foutenu dans fes interrogatoires que fes prêts étoient réels ; qu'il avoit fait les avances du procès contre la Maifon de l'Eftanduere , on ne doit pas douter qu'il ne fût créancier de fortes fommes , & qu'à ce titre il n'ait pu recevoir.

De ce qu'il a prêté enfuite les deniers qu'il a reçus au Comte de Maillebois, on ne doit pas en conclure qu'il fût prête-nom par le feul fait que le Marquis de Leftorieres vouloit lui prêter avant. S'étant acquitté envers le Chevalier du Petit-Thouars , la propriété des deniers étant paffée dans fes mains, il en étoit le maître ; il a pu en difpofer comme bon lui a femblé : il n'avoit aucune raifon pour prendre des précautions auxquelles tout réfifte. Une contre-lettre ne pouvoit produire l'effet que les créanciers annoncent ; elle ne préfentoit pas un moyen certain pour empê-cher qu'ils euffent connoiffance du prétendu prêt. Cette contre-lettre ne pouvoit être que devant Notaires , ou fous feing privé : dans les deux cas elle n'auroit pas produit d'effet , elle pouvoit facilement être découverte. Devant Notaires, c'étoit un acte public, expofé à la connoiffance de tout le monde ; fous feing privée , elle pouvoit être trou-vée dans le fecrétaire par une faifie : ainfi cette précaution fous ces deux rapports devenoit inutile , & ne remédioit à rien.

Il eft conftant, d'après toutes les circonftances , que la prétendue exiftence de la contre-lettre eft une fable imagnée pour donner un prétexte à l'accusation. De ce que le Chevalier du Petit-Thouars a prêté 60000 liv. au Comte de Maillebois , en conclure qu'il étoit prête-nom du Marquis de Leftorieres , c'eft une idée qu'on ne peut adopter fans une preuve directe & claire comme le jour ; elle ne pourroit fe faire que par la préfentation d'une contre-lettre , ou par des dépofitions de témoins qui l'auroient vue dans les mains du Chevalier du Petit-Thouars , après la mort du Marquis de Leftorieres , ou avant.

Cette preuve n'exifte point au procès, aucune dépofition ne fournit à ce fujet le plus petit adminicule de préfomption. Il eft donc certain, qu'il n'y a point de délit ; il eft conftant & conftant par écrit qu'il ne peut y en avoir : cette preuve par écrit fe prend des lettres du Marquis de Lefto-rieres , elles établiffent qu'il devoit ; elle fe prend encore du payement qu'il a fait au Chevalier du Petit-Thouars , & de l'obligation faite à fon profit par le Comte de Maillebois. Ces pièces jointes au défaut de preuves laiffent la conviction de fon innocence : la certitude que les 60,000 livres lui appartenoient a pour appui une preuve écrite, & une preuve d'une telle force, qu'elle ne peut être détruite ni par des dépofitions des témoins , ni par des aveux , quand même il en auroit fait , ce qui n'eft pas : cette affertion eft conforme à la difpofition de la Loi première au Code *de Teftibus* ; *contra fcriptum teftimonium , non fcriptum teftimonium non fertur.*

Le Chevalier du Petit-Thouars pourroit fe borner à l'obligation faite à fon profit ; elle ne permet pas de douter que c'eft lui qui a fourni au Comte de Maillebois les 60000 liv. : il eft convenu que cette fomme avoit appartenu avant

le

le prêt au Marquis de Leftorieres ; mais au moment de l'obligation elle ne lui appartenoit plus : & s'il parvient à le prouver, il s'enfuivra que la preuve du droit & du fait littéral & teftimonial fe prêteront un fecours mutuel pour opérer fa décharge, & convaincre fes accufateurs d'une calomnie qui mérite la févérité de la Juftice.

Cette preuve eft claire. Les lettres écrites par le Marquis de Leftorieres établiffent qu'il devoit au Chevalier du Petit-Thouars : étant réellement débiteur, il étoit dans l'obligation abfolue d'acquitter ce qu'il devoit : il l'a fait ; il n'auroit pas fouffert que le Chevalier du Petit-Thouars eût difpofé de fon argent, & l'eût prêté à un tiers par une obligation qui l'auroit dépouillé de fa propriété. La preuve que les 60000 liv. appartenoient au Chevalier du Petit-Thouars réfulte encore de la lettre du fieur le Monier, Secrétaire du Comte de Maillebois : cette lettre établit que le Marquis de Leftorieres avoit d'abord voulu prêter au Comte de Maillebois avant le payement & la remife de l'argent faite au Chevalier du Petit-Thouars. On y voit les fûretés que le Marquis de Leftorieres exigeoit : ces fûretés ne convenant point, on y voit également une autre condition propofée, qui ne fut pas acceptée. Tout fe termina là entre le Marquis de Leftorieres & le Comte de Maillebois.

C'eft depuis & lorfque le Chevalier du Petit-Thouars apprit que le Marquis de Leftorieres le jouoit ; qu'au préjudice de la parole qu'il lui avoit donnée de le payer, fur les reproches que le Chevalier du Petit-Thouars fit au Marquis de Leftorieres, il lui donna en payement l'argent qui avoit été porté chez Me de la Leu, Notaire ; il lui permit d'en

D

difpofer comme de fa chofe. Dès cet inftant les deniers ont ceffé d'appartenir au Marquis de Leftorieres ; les deniers ayant été prêtés après avec l'ajouté que le Chevalier du Petit-Thouars fit de fon argent, ce prêt a été fait des propres deniers du Chevalier du Petit-Thouars.

Les informations même fur ce chef de la plainte four-niffent la preuve que les 60000 liv. appartenoient au Chevalier du Petit-Thouars.

Trois feuls témoins ont rapport à cet objet, *le fieur le Monier*, *le Comte de Maillebois & le fieur Autran*, agent de change : leur déclaration fuffit pour convaincre que ce n'eft pas le fieur de Leftorieres qui a placé les 60000 liv. ; s'il ne les a pas placées comme il vouloit le faire avant de remettre l'argent au Chevalier du Petit-Thouars, les deniers ne lui appartenoient donc plus.

Le Comte de Maillebois a déclaré *que le Marquis de Lefto-rieres avoit d'abord voulu placer 60000 liv. fur lui ; il ne voulut point de fon argent* : il eft donc bien conftant que ce n'eft pas le Marquis de Leftorieres qui le lui a prêté ; felon la déclaration, il refufa de le prendre. Le Comte de Maille-bois ajoute, *que le Marquis de Leftorieres lui dit quelque temps après , qu'il vouloit donner 60000 liv. au Chevalier du Petit-Thouars fon coufin & fon ami , à la charge de les lui prêter :* voilà donc une intention bien connue & bien marquée de difpofer de fon argent en faveur du Chevalier du Petit-Thouars ; il étoit bien jufte qu'il le lui donnât en payement, puifqu'il lui devoit. Il dit , à condition de le prêter au Comte de Maillebois ; cela fe conçoit, c'eft le propos d'un homme qui fçait dire des chofes obligeantes , & faire fa cour.

Le fieur le Monier, Secrétaire du Comte de Maillebois, a fait à - peu - près la même déclaration, *que le Marquis de Leftorieres lui avoit dit, qu'il vouloit donner au Chevalier du Petit-Thouars les 60000 liv. & que l'obligation avoit été faite au nom du Chevalier du Petit-Thouars* : ces deux déclarations prouvent, que les 60000 liv. appartenoient au Chevalier du Petit-Thouars. L'un & l'autre déclarent qu'il étoit dans l'intention de les donner ; en leur difant fon intention, il n'étoit pas obligé de leur dire pourquoi, ni qu'il devoit : il les donna en effet en payement, puifque c'eft le Chevalier du Petit - Thouars qui difpofa en faveur de M. le Comte de Maillebois.

Que le Marquis de Leftorieres ait dit qu'il les donneroit au Chevalier du Petit-Thouars, cela fe conçoit, il les lui avoit promis avant la première deftination projettée avec le Comte de Maillebois. Il devoit au Chevalier du Petit-Thouars, en honneur & en confcience il devoit le rembourfer comme il a fait. Les déclarations de ces témoins ne prouvent pas que les deniers appartenoient au Marquis de Leftorieres, elles établiffent au contraire qu'ils n'étoient plus à lui. La deftination pour le Chevalier du Petit-Thouars étoit naturelle d'après ces avances & des paroles qu'il avoit données de payer ; il eft certain que ce payement a été fait, l'argent étant paffé d'une main dans l'autre ; cela fuffit pour perdre la propriété.

La dépofition du fieur Autran ne détruit pas les deux précédentes ; elle s'accorde parfaitement avec celle du fieur le Monier. Il déclare que, *d'après fon bordereau, il ne remit au fieur le Monier que 59344 livres pour porter chez Me de Laleu après la vente.* Et cependant, d'après l'obligation,

60000 livres ont été prêtés. La vente des contrats n'a pas produit cette fomme fuivant le bordereau d'Autran. Ce ne font donc pas les mêmes deniers du fieur de Leftorieres qu'on a prêté au Comte de Maillebois ? Le Chevalier du Petit-Thouars ajouta de fon argent 660 livres pour completter les 60000 livres qu'il prêta lui - même & pour lefquels le Comte de Maillebois s'obligea envers lui. Quand deux Gentilshommes comme eux affurent ce fait & qu'il n'eft pas détruit par des pieces, on doit le tenir pour certain.

Le fieur Autran, dans fa dépofition, déclare *avoir oui dire que les 60000 livres prêtés à M. de Maillebois l'avoient été fous un nom emprunté , mais qu'il ne fe fouvient pas pas qui.* Cette déclaration eft indifférente & ne peut détruire le fait réfultant de l'obligation : *teftis ex auditu fidem non facit.*

Le propos répété par le fieur Autran peut avoir été tenu après la mort du Marquis de Leftorieres ; ce témoin ne s'eft pas expliqué fur l'époque ni fur la perfonne. L'Abbé ô-Bernan & d'autres tenoient ces propos à qui vouloient les entendre.

La déclaration du témoin eft indifférente; elle ne prouve & ne détruit rien. La foi de l'acte & des témoignages du Comte de Maillebois & le Monier reftent dans leur entier, il n'en réfulte pas que l'obligation foit fimulée ; elle prouve au contraire que les 60000 livres étoient au Chevalier du Petit-Thouars, & qu'il n'y eut point de contre-lettre, fi elle avoit exifté ils l'auroient connue, & dit.

Les autres témoins du procès ne parlent pas non plus de la contre-lettre. Tous les faits que les gardes-malades & domeftiques ont dépofé , fe réduifent à ce que le Chevalier du Petit-Thouars a ouvert le fecrétaire du Marquis de Lestoriere ; qu'il en a tiré des papiers & un regiftre, qu'il a payé les domeftiques.

Sur le premier fait, l'ouverture du fecrétaire, il en avoit reçu la priere & la clef à cet effet.

Sur le fecond fait, la fortie des papiers, le Marquis de Leftorieres l'en avoit prié ; ce font les lettres des femmes auxquelles il l'avoit engagé de les envoyer.

Sur le troifième fait, le paiement des domeftiques, le Marquis de Leftorieres l'avoit ordonné. M. de Salbœuf, fi on l'eût fait entendre, l'auroit dit ; & le Poftillon, dans fa confrontation, dit qu'il a été payé par l'ordre de fon Maitre. Il falloit bien les regiftres pour écrire les paiemens des domeftiques & d'autres objets dépenfés dans le courant de la maladie.

Ce que ces domeftiques & les gardes-malades ont dépofé, ne prouve pas l'exiftence & la fouftraction de la prétendue contre-lettre.

Les Adverfaires prétendent établir l'exiftence de la contre-lettre, fur ce que, difent-ils, le fieur *du Petit-Thouars a jetté des papiers au feu ;* c'eft le fieur Aubry qui dépofe ce fait étonnant ; il eft contraire à la vérité, en voici la preuve. D'abord l'affertion du Chevalier Aubry ne mériteroit aucune foi ; il eft l'ennemi capital du Chevalier du Petit-Thouars. Il ne faut que l'enfemble de fa dépofition pour fe convaincre qu'elle a été combinée ; elle eft fauffe dans tout fon contenu. Lalande, domeftique du Marquis de Leftorieres, lui donne un démenti formel. Sur les faits principaux, le fieur Aubry prétend, « *être entré dans la chambre ,* & avoir vu le Chevalier » du Petit-Thouars jetter des papiers au feu ; avoir exhorté » le Marquis de Leftorieres à la mort ; avoir envoyé cher-

» cher le Commiſſaire». Et le nommé Lalande, domeſtique,
a déclaré, à la confrontation : « qu'il n'avoit point vu le
» ſieur Aubry cauſer avec le Marquis de Leſtorieres ni
» l'exhorter à la mort; qu'il n'a point vu le Chevalier
» du Petit-Thouars jetter des papiers au feu, parce qu'il
» n'y en avoit pas dans la chambre ; que c'eſt par l'ordre
» du Chevalier du Petit-Thouars & non du ſieur Aubry
» qu'il a été chercher le Commiſſaire. »

Voilà cependant des contradictions bien choquantes. Le
ſieur Aubry a pris tous ces faits ſur lui par inimitié
contre le Chevalier du Petit-Thouars, parce que s'étant
préſenté pour voir le Marquis de Leſtorieres, il ne voulut
pas le recevoir, & que le Chevalier du Petit-Thouars lui
dit l'intention du malade. Le ſieur Aubry ſe monte
l'imagination pour ce refus; s'en venge de la manière la
plus cruelle en ſuppoſant des faits faux, dans l'intention de
perdre un innocent. Il oſe dire « qu'il a vu le Chevalier
» du Petit-Thouars jetter un petit carré de papier au feu »;
tandis qu'il eſt conſtant, d'après la déclaration du domeſtique,
qui n'a pas quitté ſon Maître malade, « qu'il n'eſt pas même
» entré dans la chambre; qu'il n'y avoit pas de feu; que
le Chevalier du Petit-Thouars n'y a point jetté des papiers ».
» Il oſe encore dépoſer un fait faux & atroce : « qu'il exiſ-
» toit, dans le ſecrétaire du défunt, une bourſe pleine d'or,
» que le laquais Lalande avoit figurée au dépoſant groſſe
» comme les deux poings »; & ce domeſtique, ſi hardi-
ment cité, a dit expreſſément, dans la confrontation,
« qu'il n'avoit jamais vu de bourſe groſſe comme les deux
» poings, & que par conſéquent il n'avoit pu le dire au
» ſieur Aubry.»

C'eſt pourtant à la faveur de la dépoſition du ſieur Aubry que le procès avoit été réglé à l'extraordinaire ; mais alors les faits n'étoient pas éclaircis , l'inſtruction n'étoit pas complette, les confrontations n'étoient point faites : à préſent que la vérité brille de tout ſon éclat, quel remord le ſieur Aubry ne doit-il pas avoir de s'être livré à la paſſion , à la fauſſeté & à l'impoſture pour compromettre un innocent.

La dépoſition du ſieur Aubry ne mérite ni la foi ni les regards de la Juſtice. Le contenu de la dépoſition caractériſe la paſſion. Elle eſt démontrée fauſſe par la contradiction de Lalande. Elle ne ſeroit pas frappée de ce vice qu'elle ne mériteroit pas plus d'égards. D'abord, parce qu'elle eſt unique, qu'aucun autre témoin ne dépoſe des faits ſi invraiſemblables qu'il s'eſt permis contre la vérité, enſuite parce que le ſieur Aubry eſt du nombre des témoins réprouvés ; *il eſt créancier*, & à ce titre ſa dépoſition doit être rejettée.

La dépoſition du ſieur Aubry, ni aucune autre du procès, ne prouvent point l'exiſtence de la contre-lettre, ni la prétendue ſouſtraction. Les interrogatoires du Chevalier du Petit-Thouars, ne la prouvent pas plus ; ſur ce fait il a répondu avec candeur « qu'il n'avoit retiré du ſecré- » taire que les lettres que lui avoit indiquées le Marquis » de Leſtorieres ». Il les a montrées au Commiſſaire ainſi que les regiſtres. Il a fait plus ; il les a repréſentées au Lieutenant - Criminel. Elles ſont ſous le cachet de la Juſtice. Elles ſeront remiſes à M. le Rapporteur. Il ne s'eſt occupé que des lettres qu'on lui avoit déſignées. Il a laiſſé celles de ſa ſœur qui ſe trouvoient dans le ſecrétaire :

peut-on trouver de plus fortes preuves de fon exactitude. Des lettres d'amitié & de confiance d'une parente & d'une amie font devenues l'objet de l'audacieufe critique de fes accufateurs : ils fe font permis d'en faire un criminel ufage.

Les Adverfaires incertains dans leur marche, fe livrent tour-à-tour à deux fuppofitions bien contradictoires. Après avoir préfenté le Marquis du Petit-Thouars comme ayant voulu s'approprier les 60,000 liv. par la fouftraction de la contre-lettre, ils prétendent que cette remife de 60,000 l. contenoit un fidéi-commis foit en faveur de Mademoifelle de Mapothere, aujourd'hui Religieufe au Couvent de l'*Ave-Maria*, foit en faveur d'un enfant naturel du Marquis de Leftorieres. C'eft ce qu'on a dit dans l'inftruction du procès criminel.

Ces deux prétentions fe détruifent l'une par l'autre. Si les 60,000 liv. avoient été remis à titre de fidéi-commis, il n'y auroit donc pas eu de contre-lettre, & il n'y auroit pas lieu à une action criminelle. Si c'étoit un fidéi-commis, l'argent auroit donc eu une autre deftination que celle de le prêter au Comte de Mailleboir, Il n'y a pas plus de preuve du prétendu fidéi-commis que de la contre-lettre. L'affertion ne fuffit pas, il faut une preuve ; il n'en exifte aucune, ni de la fouftraction de la contre-lettre, ni du fidéi-commis. Il réfulte de ces deux prétentions contradictoires que l'accufation eft vague, chancelante, incertaine. Suivant les Ordonnances toute accufation doit être directe.

Les accufateurs ont élevé le fondement de leur plainte fur des fyftêmes chimériques qui fe détruifent l'un par

l'autre,

l'autre ; tous les deux répugnent également à la raifon ; un créancier auquel il eft dû une fomme forte, ne reçoit pas pour donner une contre-lettre, il ne reçoit pas non plus à titre de fidéi-commis pour remettre à d'autres ; ce dernier parti ne peut même fe préfumer : lorfque le Marquis de Leftorieres remit au Chevalier du Petit-Thouars, il n'étoit pas malade, il fe portoit bien, il étoit jeune, & dans la vigueur de l'âge ; s'il vouloit faire du bien à quelqu'un, il avoit grand efpoir de pouvoir le faire lui-même ; ce n'eft pas à trente-fix ans qu'on s'occupe d'idées, qui ne fixent les hommes qu'à la fin de leur carrière, foit par l'âge ou maladie ; on ne peut donc adopter l'idée d'un fidéi-commis.

Pour écarter entièrement cette idée, il eft néceffaire de difcuter quelques dépofitions.

Le premier témoin que l'Abbé ô-Bernan a jetté en avant, *eft une Religieufe, dite fœur des Cinq - Plaies, du Couvent de Sainte - Aure.* On fera étonné que cette retraite calme & paifible, où règnent la paix & l'innocence, où on ne devroit trouver que les pratiques de la piété, de la religion & du falut, foit devenue le lieu de l'intrigue, de la féduction & de la perfidie de l'Abbé ô-Bernan ; il eft évident, par la dépofition même de la Religieufe, qu'elle a cédé baffement aux follicitations de cet Abbé ; en rapprochant & analyfant leurs deux dépofitions ; on ne doutera pas de la machination de l'Abbé envers la Religieufe ; on voit qu'il a préparé & combiné celle de cette fille.

Il convient dans fa dépofition, qu'il la fréquentoit & la voyoit, qu'ils fe rendoient un compte mutuel de ce que difoit le Chevalier du Petit-Thouars.

E

L'efprit & la lettre de la dépofition, ne permettent pas de douter de l'aftuce, de l'artifice, de l'intrigue, de la foupleffe, & des infinuations que l'Abbé ô-Bernan fçait employer pour parvenir à fes fins; il ne diffimule pas même fes menées fourdes, pour faire venir, dit-il, les chofes au point de la juftice; que pour cela, *il a fait*, &c.... « qu'il » vifitoit fouvent l'Abbé de Villeneuve, qui avoit été le » Confeffeur du Marquis de Leftorieres, &c... que tou- » jours occupé des moyens de s'éclaircir fur l'affaire, il » voyoit fouvent la Dame des Cinq-Plaies à Sainte-Aure, » parce qu'il étoit inftruit que le Chevalier du Petit- » Thouars y alloit fouvent; que la Religieufe lui dit, &c... » qu'il répondit, &c.... à quoi la Religieufe répliqua... » qu'il retourna voir la Religieufe, & lui demanda fi la » donation étoit toujours vraie; elle répondit que non, » que le Chevalier du Petit-Thouars l'avoit trompée ».

Quelle idée doit-on avoir de l'Abbé ô-Bernan, d'après fes infinuations : il eft peut-être le feul Prêtre qui ait ofé déclarer à la Juftice, qu'il a combiné, machiné, féduit & fuborné; fes intrigues ne pouvoient avoir que cela pour objet.

Il avoue avoir été chez le Confeffeur du Marquis de Leftorieres, avoir été une infinité de fois à Sainte-Aure. Le procès du Chevalier du Petit-Thouars devoit être étranger à cette Religieufe; & ce n'eft pas dans un Couvent, qu'on doit trouver la révélation de ce qui a pu fe paffer au moment de la mort du Marquis de Leftorières; mais les gens adroits trouvent des reffources par-tout; celles de l'Abbé ô-Bernan ont été ménagées avec art; il faut les faire connoître, pour décider de la foi qu'elles méritent.

La dépofition de la Religieufe des Cinq-Plaies, porte des caractères de furprife * qui doivent la faire rejetter. Elle dépofe de prétendues confidences que lui a faites le Chevalier du Petit-Thouars, par rapport à la demoifelle de Mapother; elle les arrange comme elle veut, avec une adreffe incroyable; on ne fçait ce qui doit le plus étonner, ou de l'extrême facilité de cette Religieufe à dépofer des faits faux & controuvés, ou des coupables manœuvres employées pour lui perfuader les faits les plus invraifemblables. Selon fa dépofition, le Chevalier du Petit-Thouars lui auroit dit dans plufieurs occafions, « que les 60000 liv.
» que le Marquis de Leftorieres avoit dépofé dans fes
» mains, étoient pour mademoifelle de Mapother, qu'il
» n'avoit fait que prêter fon nom; que dans d'autres con-
» verfations, il lui avoit dit auffi, que le défunt avoit paffé
» avec lui un contrat devant Notaire, pour fûreté des
» 60000 livres en cas de mort du Chevalier du Petit-
» Thouars; que quelques jours après, le Chevalier du
» Petit-Thouars lui montra un morceau de parchemin,
» dont il lui lut quelques articles; fur quoi elle lui dit,
» qu'elle fçavoit lire les écritures difficiles; de lui faire
» paffer ce contrat à travers la grille, qu'il refufa, en con-
» tinuant toujours de lui dire qu'il n'avoit reçu que pour
» mademoifelle de Mapother, que ce n'étoit qu'un fidéi-
» commis; & que, comme ils étoient défendus par les
» Loix, il en étoit la victime par des mauvais propos;
» qu'il étoit difpofé de s'entendre à l'amiable ».

Elle a encore dit, « que le Chevalier du Petit-Thouars
» lui avoit écrit, pour l'engager à déterminer la demoifelle
» de Mapother à ne pas fe faire Religieufe à l'*Ave Maria*,

* L'expreffion eft trop douce.

» lui ajoutant qu'il donneroit 10 ou 15000 livres, ou telle
» autre fomme, pourvu qu'elle n'excédât pas le fidéi-
» commis ».

Elle a dit encore, « qu'il avoit voulu fe fervir d'elle,
» pour l'engager à faire faire un teftament en fa faveur
» par la demoifelle de Mapother, & qu'il lui en avoit
» remis le modèle ».

L'enfemble de cette dépofition fuffiroit feul pour prouver fa fauffeté. Quoi! fans avoir perdu le fens commun,
le Chevalier du Petit-Thouars auroit dit & écrit à cette
Religieufe, qu'il n'avoit fes 60000 livres qu'à titre de fidéicommis, lorfqu'il plaidoit le contraire? Le Chevalier du
Petit-Thouars, qui fçavoit que la demoifelle de Mapother
n'avoit aucun bien, auroit propofé à la fœur des Cinq-
Plaies, de lui faire faire un teftament. Cette ridicule affertion tombe d'elle-même; ou plutôt, elle couvre l'auteur
de confufion.

Le Chevalier du Petit-Thouars a nié ces faits aux interrogatoires, il les a niés à la confrontation; on ne lui a re-
préfenté, ni la prétendue lettre, ni le modèle du prétendu
teftament.

Cette étonnante & incroyable dépofition, eft prouvée
contraire à la vérité, par celle de la demoifelle de Mapother, Religieufe de l'*Ave-Maria*. Elle a dépofé avec la
candeur d'une jeune Religieufe; l'impofture & la corruption
n'ont point fouillé fon ame; elle donne le démenti le plus
formel à la fœur des Cinq-Plaies. Elle a déclaré, « que le
» Chevalier l'avoit affurée que les 60000 étoient à lui,
» qu'il avoit eu foin d'elle, qu'il avoit payé fes penfions
» par-tout, & qu'elle l'a ignoré pendant un temps ».

Elle ne parle, ni de fidéicommis, ni de teſtament; cependant, ſi ces idées extravagantes avoient pu entrer dans la tête du Chevalier du Petit-Thouars, c'eſt à la demoiſelle de Mapother qu'il en auroit parlé; & cette jeune perſonne, pénétrée de ſes devoirs & de la ſainteté de ſon état, n'auroit point déguiſé la verité.

L'invraiſemblance de la dépoſition de la ſœur des Cinq-Plaies, doit la faire rejetter comme fauſſe & exorbitante. Ces caractères ont porté les Juges du Châtelet à ne pas s'y arrêter; elle eſt témoin unique ſur les propos dits & écrits ſur le prétendu fidéicommis étranger à la plainte.

On ne doit pas, ſuivant la Juriſprudence, s'arrêter aux faits étrangers à la plainte, elle eſt atteſtée par M. d'Agueſſeau; ce ſçavant Magiſtrat, dans ſa lettre 108, dit: *que l'on ne doit informer que des faits compris dans la plainte; & lorſque les témoins y ajoutent d'autres faits qui n'ont pas de rapport, on ne doit pas s'y arrêter.*

Il réſulte de cette maxime, qu'il falloit une autre plainte ſur les nouveaux faits; la plainte rendue contre le Chevalier du Petit-Thouars, n'eſt pas d'un fidéicommis, elle eſt en ſouſtraction d'effets & papiers; la dépoſition de la Religieuſe des Cinq-Plaies eſt exorbitante; un ſeul témoin ſur une préſomption, ne peut faire preuve, ſuivant la maxime *teſtis unus, teſtis nullus.*

Il exiſte au Procès deux autres dépoſitions, dont les adverſaires prétendent également induire la preuve d'un fidéicommis; ce ſont celles des ſieurs *Uberti* & *Nalet*, créanciers, elles ne prouvent pas le fidéicommis; le Chevalier du Petit-Thouars eſt convenu, & tous les deux ont déclaré, « que » le Chevalier du Petit-Thouars leur avoit déclaré avoir

» reçu les 60000 livres , & qu'il diroit ce qui en eft en » Juftice » ; cela ne prouve pas qu'il ait dit qu'il avoit reçu pour rendre, à titre de fidéicommis ; leurs dépofitions font indifférentes, vagues, & n'établiffent rien , elles doivent être rejettées ; fes deux témoins font reprochés par le Chevalier du Petit-Thouars. *Ils font créanciers* du Marquis de Leftorieres, le Procès les intéreffe à ce titre, plus particulièrement que les autres témoins. Par conféquent, ce font des témoins qui ont dépofé dans leur propre caufe ; dèslors ils ne méritent pas plus de foi, quand même leurs dépofitions feroient auffi précifes & auffi concluantes qu'elles ne le font pas.

Sur ce premier fait de la plainte, la prétendue fouftraction de la contre-lettre, il eft démontré qu'elle n'a jamais exifté ; que le Chevalier du Petit-Thouars n'étoit point le prête nom du Marquis de Leftorieres ; qu'il n'a été chargé d'aucun fidéicommis ; & cette dernière idée ne pouvoit donner lieu à une plainte ni à une action extraordinaire. Ce prétendu fidéi-commis ne pouvoit donner lieu qu'à une action civile qui fe réfout prefque toujours par la déclaration du fidéicommiffaire. Les 60000 liv. lui appartiennent en propriété, lui ayant été donnés pour acquitter fes créances, en fuppofant qu'il y eût des fommes au-delà du legs & du don : à quelques fommes qu'il fe montât , le tout étoit à lui.

Second Fait.

Souftraction du Cabriolet.

Par le fecond fait de la plainte, on accufe le Chevalier du Petit-Thouars de s'être induement emparé d'un cabriolet qui appartenoit au Marquis de Leftorieres , ainfi que d'une malle un porte-manteau & des bottes fortes.

Ce fait ne pouvoit faire la matière d'une plainte ; &, en le fuppofant vrai, il ne donnoit ouverture qu'à une action civile.

Ce n'eft pas par ce moyen que le Chevalier du Petit-Thouars prétend fe juftifier. Le cabriolet, la malle étoient à lui : il avoit payé le tout de fes deniers.

Le Chevalier du Petit-Thouars & le Marquis de Leftorieres devoient faire un voyage enfemble en Poitou & à Bordeaux pour chercher des titres qui leur étoient néceffaires pour monter dans les caroffes du Roi : ils arrêtèrent de faire faire ou d'acheter un cabriolet en commun pour ce voyage. Le Marquis de Leftorieres commanda ce cabriolet à Leblanc, Sellier, fit prix à 39 louis, commanda auffi une malle & des bottes pour trois louis. Aux approches du départ, & lorfqu'il fut queftion de retirer le cabriolet, le Chevalier du Petit-Thouars remit 42 louis au Marquis de Leftorieres : il envoya fon Domeftique chez Leblanc, Sellier, lui remit l'argent, & lui donna ordre de prendre une quittance au nom du Chevalier du Petit-Thouars. Ce domeftique exécuta l'intention de fon maître. Leblanc lui demanda le nom de celui pour qui étoit le cabriolet, & auquel il devoit donner la quittance ; il répondit : au Chevalier du Petit-Thouars. Leblanc fit la quittance à fon nom, reçut fon argent, livra le cabriolet. Le Valet-de-Chambre Boucher, lui-même, remis la quittance au Chevalier du Petit Thouars, *fait que le Valet-de-Chambre ne peut nier.* Le cabriolet étoit à lui, puifqu'il l'avoit payé & en avoit donné l'argent au Marquis de Leftorieres. Celui qui n'avoit rien avancé ni payé pour cet objet, ne pouvoit pas prendre la quittance à fon nom, ni fe prétendre maître

& propriétaire du cabriolet. Le Marquis de Leſtorieres fit un acte de juſtice en faiſant mettre la quittance au nom du Chevalier du Petit-Thouars & la lui faiſant remettre.

Une preuve bien poſitive & ſans réplique qne le cabriolet étoit au Chevalier, & qu'il l'avoit payé, ainſi que les bottes, &c. ſe prend du regiſtre de dépenſe du Marquis de Leſtoriere, trouvé après ſon décès. Sur ce regiſtre on y avoit écrit de ſa main, ce qu'il avoit dépenſé à l'époque où le cabriolet fut livré : on y voit des articles très-minutieux, tels que des petites ſommes payées à ſon Cordonnier, à ſon Baigneur, &c. S'il avoit payé & avancé de ſes deniers le cabriolet, la malle, &c. il l'auroit porté ſur ſon regiſtre, l'objet étant aſſez fort pour qu'il l'eût écrit comme le reſte de ſa dépenſe, & on ne le trouve pas, ni ſur celui du Valet-de-Chambre, qui a payé le Sellier le 15 Mai 1774. Ce Valet-de-Chambre, écrit, ſur ſon regiſtre, ce jour même 15 un article, & n'écrit pas le cabriolet : dès-lors plus que la conſéquence, mais la certitude qu'il n'a point payé le cabriolet de ſes deniers, comme ce qui eſt porté ſur le regiſtre, & que l'argent remis au Valet-de-Chambre & contenu en la quittance, a réellement été payé des deniers du Chevalier du Petit-Thouars, la preuve de cette quittance aſſure ſa propriété ; & aucun témoignage contraire, de quelque poids qu'on le ſuppoſe, ne peut anéantir la foi due à un écrit qui contient la preuve de ſa propriété.

Le Chevalier du Petit-Thouars pourroit s'arrêter là ; mais il trouve ſa juſtification encore dans ſes interrogatoires & dans les dépoſitions.

De ce que, par les dépoſitions, il paroît que le ſieur de Leſtorieres a remis l'argent à ſon Valet-de-Chambre pour payer le cabriolet, qu'il l'a envoyé chercher par ses Domestiques, que ce sont eux qui l'ont amené de chez le Sellier pour le mettre sous la remise jusqu'au départ, cela ne prouve pas que le Chevalier du Petit-Thouars n'ait donné l'argent, qu'il n'eût un droit réel au cabriolet ; il lui suffisoit de l'avoir payé, & que le Marquis de Lestorieres eût reconnu qu'il étoit à lui, en exigeant que la quittance fût à son nom & qu'elle fût remise au Chevalier du Petit-Thouars.

Il a encore une preuve bien positive résultante des dépositions des témoins sur ce chef. Il y en a cinq au procès, & aucun d'eux ne détruit l'assertion du Chevalier du Petit-Thouars.

Boucher, dans sa déposition, assure « que c'est son maître » qui lui a donné les 936 liv. pour payer le cabriolet ; » qu'il fut le prendre avec le nommé Lapierre ». Il ajoute » que Leblanc lui donna une quittance toute faite. Leblanc » & Lapierre disent le contraire sur le fait de la quittance ».

Le premier fait de la déposition de Boucher n'est pas nié par le Chevalier du Petit-Thouars ; mais il a soutenu dans ses interrogatoires « que les 42 louis qui ont servi à » payer le cabriolet & les autres objets, avoient été remis » par le Chevalier du Petit-Thouars au Marquis de Lesto- » rieres », & personne ne l'a démenti.

Sur le second fait de la quittance, Boucher a déclaré *qu'elle étoit toute faite.* Leblanc, Sellier, a déposé au contraire « qu'il avoit demandé aux deux Domestiques le nom de leur maître, & qu'ils ont répondu *qu'il s'appelloit le Chevalier du Petit-Thouars*, & qu'en conséquence il fit » la quittance ».

Lapierre, dans son récollement, a déclaré « non que

» la quittance fût toute faite, mais qu'elle a été faite fur le
» champ par Leblanc ».

La veuve Barre attefte « qu'après la mort du Marquis
» de Leftorieres , Boucher avoit dit à fes Domeftiques
» que le cabriolet appartenoit au Chevalier du Petit-
» Thouars , & qu'il avoit fait donner la quittance fous fon
» nom ». Or, s'il n'avoit pas fourni les quarante-deux
louis d'or pour le prix du cabriolet & de fes acceffoires,
Boucher eût-il dit au Sellier, en lui payant ce cabriolet,
qu'il appartenoit au Chevalier du Petit-Thouars, & qu'il
avoit fait donner la quittance en fon nom.

Le Marquis de Leftorieres auroit-il dit à fes Domeftiques
de prendre cette quittance ? L'auroit-il fait remttre au Che-
valierdu Petit-Thouars ? N'auroit-il pas déclaré ou fait dire à
la veuve Barre que la voiture lui appartenoit , & de ne la
remettre qu'à lui & fur fes ordres. Cette veuve a déclaré
avoir remis le cabriolet au valet de chambre après la mort
du Marquis de Leftorieres, fur fa déclaration qu'il appartenoit au Chevalier du Petit-Thouars.

C'eft ainfi qu'en appréciant les circonftances & les différents témoignages fur ce chef d'accufation, on voit, auffi
clair que le jour, que le cabriolet appartenoit au Chevalier
du Petit-Thouars, qu'il en avoit fourni la valeur, quand
cela ne feroit pas, la fucceffion n'avoit qu'une action civile
pour faire rendre ce cabriolet, fi le Chevalier du Petit-
Thouars n'y avoit pas eu de droit.

TROISIEME FAIT.

Souftraction d'argent & effets royaux.

Les Accufateurs ont porté leurs indécentes calomnies

jufqu'à prétendre dans les troifième & quatrième faits de la plainte, que le Chevalier du Petit-Thouars, dans le temps que le Marquis de Leftorieres étoit à l'agonie & fans connoiffance, s'étoit emparé de la clef du fecretaire, avoit fouftrait beaucoup d'or & d'argent, qu'il fit venir un Prêtre, & manda un Notaire pour lui faire faire un teftament.

Ces faits cumulés & controuvés réuniffent une méchanceté méditée & noire. Les actions fimples & innocentes paroîtront criminelles quand des délateurs fe permettent de les dénaturer, de les groffir & de les rendre autrement qu'elles ne fe font paffées.

Sur le premier fait de cette dernière partie de la plainte l'ouverture du fecrétaire dans le temps de l'agonie, & la fouftraction des papiers; le Chevalier du Petit-Thouars eft pleinement juftifié par ce qui a été dit au commencement de fes moyens : il a établi qu'il avoit un motif légitime pour ouvrir ce fecrétaire : la clef lui ayant été remife, & le Marquis de Leftorieres ayant voulu que l'ouverture fût faite, l'ayant été de fon confentement en préfence de témoins, & dans un temps où il avoit toute fa connoiffance & fa préfence d'efprit.

L'annonce des faits d'avoir fait venir un Notaire & un Confeffeur, ne peut faire la matière d'une inculpation; un acte de prudence, de devoir & de religion n'a jamais été un crime : le Chevalier du Petit-Thouars ne doit pas s'occuper de la déclaration du fieur Aubry, ni de ce qu'on a dit d'après lui. Ce qu'on s'eft permis, eft plus fait pour infpirer la pitié, que pour donner d'autres fentiments.

Une imputation plus férieufe aux apparences, mais fauſſe, c'eſt l'accuſation en fouſtraction d'argent & d'effets royaux, pris, dit-on, dans le fecrétaire : il n'y en avoit pas, il ne pouvoit en reſter au Marquis de Leſtorieres.

C'eſt le fieur Aubry feul, qui d'abord a jetté ce fait en avant; on l'a inféré dans la plainte, & lefieur Aubry s'eſt permis, contre la vérité, d'en dépoſer en difant que Lalande, domeſtique, lui avoit dit « avoir vû prendre » par le Chevalier du Petit - Thouars, une bourfe d'or, » que ce domeſtique lui avoit figurée groſſe comme les » deux poings ». Cette aſſertion eſt d'autant plus hafardée & fauſſe, qu'elle eſt prouvée contraire à la vérité, par le témoin même que le fieur Aubry cite.

Ce témoin Lalande ne dit pas un mot, dans fa dépoſition, de cette prétendue bourfe « groſſe comme les deux poings, il » déclare expreſſément à la confrontation, qu'il n'en a point » vu, *que par conféquent, il ne put le dire au fieur Aubry* ». Aucun autre témoin du procès, ne dépoſe de cette prétendue bourfe, ni d'argent pris & détourné par le Chevalier du Petit-Thouars ; les domeſtiques ne parlent que de l'argent tiré en leur préfence du fecrétaire pour les payer, conformément à l'intention de leur Maître : pourquoi les Adverfaires n'ont-ils pas fait entendre le Comte de Salbœuf & Duclos, qui étoient préfent? Il y avoit 8 témoins, ils n'en font entendre que 6, & ces 6 font les domeſtiques & les gardes malades, & le fieur Aubry, qui étoit fon créancier : cela paroît furprénant ; ils auroient déclaré qu'il n'y avoit dans le fecrétaire qu'un fac dans lequel on a pris ce qui a été prélevé pour les domeſtiques, les 300 liv. pour Mademoifelle de Mapother, & 993 liv. que le Commiſſaire a trouvées, avec lefquelles on a payé les gardes & l'enterrement.

Pourquoi n'ont-ils pas fait entendre la dame Lefprit, tenant l'Hôtel où le Marquis de Leftorieres eft mort? Elle auroit dit, comme le Chevalier du Petit-Thouars l'a déclaré dans fon interrogatoire, « que le Jeudi veille du jour que » le Marquis de Leftorieres eft tombé malade, il eft arrivé » fort échauffé, avec un grand mal de tête, & avoit dit » je fuis un grand miférable, je viens de perdre tout l'ar- » gent que j'avois confervé pour faire mon voyage ». Ce propos a été très-public & très-connu.

Ils pouvoient encore faire entendre d'autres perfonnes qui leur auroient appris, que le même jour le Marquis de Leftorieres perdit 200 louis d'or qu'il avoit, & 80 fur fa parole : ce fait eft prouvé par un billet écrit au Chevalier du Petit-Thouars produit au procès.

Il exifte encore au procès le billet d'un homme de qualité bien connu, qui lui demandoit 40 louis d'or. Il n'eft pas étonnant, d'après ces circonftances, qu'un homme en proie à une auffi funefte paffion que le jeu, n'ait pas laiffé plus d'argent qu'on n'en a trouvé. De ce qu'il ne s'en eft pas trouvé davantage, s'enfuit - il que le Chevalier du Petit-Thouars ait fouftrait de l'argent? Depuis quand, fur un rêve, un calcul arbitraire, a-t-on prétendu que parce qu'un objet a été dans les mains d'un homme & qu'il ne l'a plus, on l'a volé? C'eft pourtant fur ce ridicule fon-dement, qu'on a bâti l'odieufe accufation de fouftraction d'argent, d'effets Royaux, de fpoliation & de vol.

On s'eft permis d'imprimer d'après des calculs arbitraires, qu'il devoit y avoir, outre les contrats, tant en argent qu'en effets Royaux, d'abord 575,05 liv. 16 fols, enfuite 44,000 liv., après 33,909 livres 16 fols, enfin 23,596 liv.; quelle foi peut-on ajouter à des affertions auffi indéterminées?

Voilà comme l'imagination ardente des Adverfaires a

groſſi & diminué les objets. Le Chevalier du Petit-Thouars préſentera un compte plus vrai, & on ne ſera pas étonné que le Marquis de Leſtorieres n'eût rien ou pas grand choſe.

On ne pourroit demander compte au Chevalier du Petit-Thouars de l'emploi que le Marquis de Leſtorieres a fait de ſon argent, ce n'eſt pas à lui à le juſtifier; il n'étoit ni ſon tuteur, ni ſon Agent; cependant pour ôter tout prétexte aux Accuſateurs, le Chevalier du Petit-Thouars préſentera à ſes Juges un tableau vrai qui établira que le Marquis de Leſtorieres ne pouvoit avoir de l'argent & qu'il avoit lui-même diſpoſé de tout.

Le Marquis de Leſtorieres avoit reçu en 1774 en contrats 150,000 liv. Il en a fait vendre pour 130,000 liv. il paya 60,000 liv. au Chevalier; il dépenſa d'autres objets portés ſur ſes regiſtres : on y voit différents articles de dépenſes, une partie écrite de la main du Marquis de Leſtorieres, montant à 14,336 liv. 16 ſols, une autre partie de la main de Boucher, ſon Valet-de-Chambre, de la ſomme de 7090 liv. enfin une troiſième partie écrite de la main du Chevalier du Petit-Thouars ſous la dictée du Marquis, ce ſont les dettes payées par le Marquis de Leſtorieres ſe montant à 10,167 liv.

Sur ce dernier objet, les Adverſaires ont eu l'audace de prétendre, & d'écrire dans leur Mémoire, Réſumé général, page 71, que ces articles étoient de l'invention du Chevalier du Petit-Thouars, qui les avoit imaginés & écrits pour couvrir ſa ſouſtraction. Fut-il jamais ſuppoſition plus atroce & plus puniſſable? Le Chevalier du Petit-Thouars a employé au procès tous les paiements écrits de ſa main, comme faits juſtificatifs & réellement payés par le Marquis de

Leftorieres, les perfonnes exiftent & feroient en état de dépofer.

Une partie de la juftification du Chevalier du Petit-Thouars fur cette audacieufe affertion, fe trouve déjà au procès-verbal d'appofition des fcellés. La dame Lefprit a avoué avoir reçu en deux articles, l'un 1500 liv. & l'autre 300 livres; Madame la Marquife de Chimene 1200 livres; le nommé François, Tailleur, 96 livres; Borel, Cafetier, 45 liv. : ces cinq articles font compris dans ce régiftre, & les paiements font avoués par ces perfonnes; d'autres ont écrit au Chevalier du Petit-Thouars : toutes conviennent avoir reçu.

Les trois états réunis montent à plus de 35,000 livres; il y avoit entre les mains de M^c. Paumier, Notaire 11,961 l. 6000 livres ont été payées à M^c. Oudinot, à Mc Paumier, Notaire, & autres. Le Chevalier du Petit-Thouars en a donné le compte; il le réta blira féparément, & prouvera furabondamment d'une manière claire comme le jour, que le déficit de 23,596 liv. ne peut exifter; il ne fe trouveroit pas ce déficit, fi les Adverfaires étoient juftes & allouoient dans leur compte les objets qu'ils n'y ont pas compris : favoir, les 10,167 liv. portés fur le premier regiftre de la main du Chevalier; 1536 liv. fur le reçu du fieur de Leftorieres le 24 Mars, par Autran; 7090 liv. qu'ils ne portent qu'à 3082 liv. fur le regiftre du Valet-de-Chambre; 404 liv. données par le Marquis de Leftorieres au fieur Autran; 2000 liv. données en refcriptions au Marquis de Saint-Chamont; 3000 liv. au Chevalier du Petit-Thouars pour les actions de fon frère aîné; 3480 liv. que le Marquis de Leftorieres déclara lui être dues par Meffieurs Ouck, de Boifgelin, le Bailly de

la Tour & de Villepinte : ces fommes couvrent le prétendu déficit. Donc il n'a rien pris.

On fera convaincu qu'il ne pouvoit y avoir d'argent
dans le fecrétaire, quand on rétablira ces objets & qu'on
confidérera les pertes que le Marquis de Leftorieres avoit
faites au jeu, les fommes qu'il a payées, & particulièrement fa maladie; y a-t-il donc quelque chofe d'étonnant
qu'il ne fe foit trouvé que 993 livres dans ce fecrétaire?
De ce qu'il n'y avoit pas davantage, & que le Chevalier du
Petit-Thouars a cédé au defir du Marquis de Leftorieres,
en ouvrant fon fecrétaire; s'enfuit-il qu'il ait fpolié, pris
de l'argent & des effets Royaux : le Marquis de Leftorieres
ne pouvoit avoir ni l'un ni l'autre; il n'a donc pû prendre
ce qui n'exiftoit pas.

Ainfi la prétendue fouftraction d'argent & d'effets Royaux
eft encore une accufation calomnieufe auffi puniffable que
celle en fouftraction du cabriolet.

Le Chevalier du Petit-Thouars n'a rien détourné, il n'a
pû fouftraire une contre-lettre qui n'a jamais exifté, que
perfonne n'a vue, & dont il n'eft queftion au procès que
dans la plainte : il n'a pû prêter fon nom étant créancier,
il n'a pas fouftrait le cabriolet puifqu'il l'avoit payé. Le
Marquis de Leftorieres l'a reconnu & la quittance du Sellier le prouve, il n'a pû fouftraire de l'argent & des effets
Royaux, il eft démontré qu'il ne pouvoit y en avoir.

Les Adverfaires qui n'ont aucune preuve, abfolument
aucune, font des efforts inouis, le défefpoir de leur procès
les met dans le cas de faire ufage de tout; ils prétendent
trouver une preuve dans les réponfes du Chevalier du
Petit-Thouars à fes interrogatoires : ils préfentent dans leur
écrit

écrit des lambeaux détachés isolés ou rapprochés à leur gré de différentes réponses du Chevalier du Petit-Thouars éparses dans les interrogatoires; on les a géminées sur tout les chefs; on supplie la Cour d'en considérer l'ensemble. Elle y verra par-tout l'ingénuité, la candeur & la franchise d'un ancien Militaire qui n'est point fait pour le déguisement & l'artifice. Il a dit la vérité; dans une de ses réponses il est convenu avoir fait plus de 30,000 livres d'avances, dans une autre qu'il avoit payé les frais du procès de l'Estenduere.

Dans d'autres, que c'est en pure don & pour les avances qu'il avoit faites pour lui & pour reconnoissance des bons services. De ce qu'il a dit dans une de ses réponses qu'il avoit reçu en pur don, il ne s'ensuit pas qu'il n'eût prêté, qu'il ne lui fût dû? En disant qu'il avoit reçu en pur don, il a entendu dire qu'il avoit reçu, & que le Marquis de Lestorieres lui avoit donné pour ne pas rendre, puisqu'il donnoit pour acquitter une dette sacrée, à laquelle il étoit tenu par préférence à toutes autres.

Et au reste eût-il reçu le tout ou partie en pur don à titre de libéralité, auroit-il commis un crime? L'un pouvoit donner, l'autre recevoir : le Chevalier du Petit-Thouars n'étoit pas pour cela coupable; il n'étoit pas dans le cas d'une plainte : si les Adversaires avoient des droits pour faire annuller ce prétendu don, ils n'avoient que la voie civile. L'action criminelle n'est permise que pour les crimes. Ce n'en est pas un de recevoir si l'on veut à titre de libéralité.

Le Chevalier du Petit-Thouars n'a rien déguisé; il a dit qu'il avoit avancé plus de trente mille livres, en outre

G

les frais immenfes du procès de l'Eftenduere; il n'étoit pas
tenu à chaque interrogat de parler des fommes dues.

Lorfqu'on donne pour s'acquitter, ce n'eft pas donner
pour rendre; le mot donner, de quelque façon qu'on
l'entende, n'a pas deux fens, & de quelque manière qu'on
donne, c'eft un don; on peut dire un pur acquit, une
pure donation; voilà ce qu'il faut entendre de l'énoncia-
tion du Chevalier du Petit-Thouars dans fes interrogatoires.

Qu'il ait reçu pour acquit de fes créances, on n'en peut
douter, étant établi par les lettres, par la remife de l'argent
qu'il avoit avancé au Marquis de Leftorieres.

Par pure délicateffe & pour ne pas compromettre les
deux perfonnes auquelles il rembourfa, à l'une, 6000 livres,
à l'autre, 25000 liv. : le Chevalier du Petitit-Thouars n'avoit
pas crû devoir parler de cet objet dans le cours de l'inftruction de fon procès, il s'eft contenté de remettre à
M. fon Rapporteur la preuve de ces rembourfements, avec
les pièces juftificatives, & lettres qui établiffent que le Marquis de Leftorieres avoit reçu & qu'on avoit rembourfé
pour lui.

Les Adverfaires pour qui rien n'eft facré, fe font permis
fur l'objet de ces remborfements, les écarts les plus ré-
voltants. Des faits honnêtes, fimples & naturels ont été
envenimés fous les couleurs les plus noires : On aura de
la peine à fe perfuader qu'ils ont ofé entreprendre de
prouver qu'il falloit condamner le Chevalier du Petit-
Thouars à une reftitution. Ce qu'ils ont dit ne mérite pas
de réponfe, & ne fert qu'à prouver le peu de réflexions
des Adverfaires, & combien le Chevalier du Petit-Thouars

eſt à plaindre d'avoir à faire à des gens qui reſpectent ſi peu les droits d'une légitime défenſe.

Ce n'eſt pas le ſeul écart qu'on pourroit leur reprocher: le Chevalier du Petit-Thouars ne les imitera pas, il ne connoît que les moyens & dédaigne les injures, il ſe contente d'obſerver que ces faits ſont étrangers aux Adverſaires & au procès. Perſonne ne s'eſt plaint du Chevalier du Petit-Thouars; il étoit réſervé à des accuſateurs acharnés de groſſir leurs prétentions de moyens qui annoncent plus le délire que la raiſon.

Les 60,000 livres appartiennent au Chevalier du Petit-Thouars : ſa propriété ne peut-être attaquée.

Il eſt démontré que le Chevalier du Petit-Thouars étoit créancier; il n'y a point de doute qu'à ce titre il a pû recevoir. On auroit pû lui remettre également à titre de don : ſous ces deux points de vue la propriété de l'argent ne pourroit être conteſtée : il paroît certain que les 60,000 livres ont été données pour le remplir & le payer de ce que le Marquis de Leſtorieres devoit pour ſes avances; il a remis les 59,344 livres ſans retour & pour liquider tièrement tout ; les lettres, billets & renſeignements de ſa créance lui ont été remis par le Chevalier du Petit-Thouars. Quand même toute la ſomme n'auro't pas été due, le Marquis de Leſtorieres pouvoit diſpoſer de deniers qui étoient libres dans ſes mains , & eût-il remis le tout ou partie à titre de don, tout

appartiendroit au Chevalier du Petit-Thouars, ſes accuſateurs n'auroient pas le droit d'attaquer ſa propriété.

Ils en ont bien moins encore, d'après toutes les circonſtances & les pièces du procès. Qui voit-on, une ancienne
liaiſon fondée ſur les liens du ſang; une amitié & un atta-
chement à toute épreuve : des ſervices rendus dans tous
les genres; des avances conſidérables établies par des titres,
montant, d'après les réponſes du Chevalier du Petit-
Thouars, à plus de trente mille livres; des débourſés très-
conſidérables pour le procès de l'Eſtenduere; outre cela
des rembourſements à la charge duM arquis de Leſtorieres, ſe portant à 31,000 liv. il étoit bien naturel que le
Marquis de Leſtorieres s'acquittât de ſommes, qui depuis
long-temps, compromettoient la fortune de ſon ami. Ces
ſommes lui étoient due, ces lettres le prouvent, & l'intention du Marquis de Leſtorieres de le payer y eſt bien
marquée.

D'après le contenu des lettres, on ne doit pas douter
que le Chevalier du Petit-Thouars n'eût un titre pour
recevoir. Le paiement ou la remiſe, eſt une preuve
bien poſitive qu'il lui étoit dû ; c'eſt la plus forte qu'on
puiſſe préſenter : elle doit ſans doute prévaloir ſur les
équivoques que les Adverſaires font valoir, des expreſſions du Chevalier du Petit-Thouars dans ſes interrogatoires. Que le Marquis de Leſtorieres lui avoit donné;
dans le ſens qu'il l'a dit & en conſultant les circonſtances,
on doit conſidérer ſes expreſſions de paiement, de remiſe
d'argent, de don de l'argent, comme un ſynonime; payer,
ſe libérer, donner de l'argent, n'eſt qu'un, l'effet en

est le même quand une propriété passe d'une main dans l'autre.

C'est en paiement que l'argent a été donné ; le Marquis de Lestorieres a consenti que le Chevalier du Petit-Thouars en disposât comme de sa chose, puisqu'il la lui a donnée ou payée, comme les Adversaires le voudront : il a pû la prêter au Comte de Maillebois. Et jusqu'à ce qu'on rapporte une contre-lettre, ou la preuve qu'une contre lettre a existé, l'argent donné ou payé doit appartenir au Chevalier du Petit-Thouars.

Les Adversaires ont bien senti qu'ils n'avoient aucun moyen pour attaquer sa propriété , puisqu'ils ont pris la voie criminelle ; mais cette voie ne leur a fourni aucune preuve directe , non - seulement de leurs délits imaginaires, mais même que la possession du Chevalier du Petit-Thouars fût furtive ; ils n'ont pas établi qu'il fût prête-nom , & qu'il y ait eu de contre-lettres, ou une destination particulière dont on put demander compte.

Le Chevalier du Petit-Thouars prouve au contraire, qu'il lui étoit dû , ce qui écarte toute idée de fraude, même de don. La dernière hypothèse existât-elle, pour le tout, ou partie ; le Chevalier du Petit-Thouars auroit pu recevoir par la seule transmission & le consentement qu'il eût la propriété de l'argent ; cette propriété ne peut être attaquée , soit qu'on considere ces deniers remis comme une libération ou un don du tout ou de partie, attendu que le Chevalier du Petit-Thouars rapporte des pièces, qui établissent le paiement qui devoit lui être fait.

Pour le regarder comme propriétaire de l'argent, il n'avoit pas besoin d'établir qu'il fût créancier du Marquis de Lestorieres, il l'a cependant fait, sa seule possession lui suffisoit, il a néanmoins prouvé par des pièces non-suspectes que le Marquis de Lestorieres lui a du.

La seule possession d'un objet mobilier suffit pour en attribuer la propriété. Or, l'argent est sans contredit dans ce cas, on peut le donner comme tout autre meuble en paiement, & comme l'on veut, sans aucune formalité, la tradition réelle les supplée toutes sans en passer acte.

Lorsqu'une somme d'argent ou un meuble est livré par le véritable maître avec une intention certaine de l'aliéner, celui qui reçoit cette chose corporelle en devient le maître. *Per traditionem jure naturali, res nobis acquiruntur..... &c. ideo cujuscumque generis fit corporalis res, à domino volente, rem suam in alium transferre, tradita alienatur.* Instit. *de rer. divis. ff.* 4.

L'Ordonnance de 1731 n'a ni abrogé ni entendu déroger à ce moyen si simple & si commun de transférer la propriété.

Ce point de Jurisprudence est constant, il est attesté par Ricard, chap. 4, sect. 1re. no. 880; il y a, dit cet Auteur, *des biens d'une certaine qualité, à l'égard desquels le don peut se perfectionner sans écriture, & par la seule tradition, comme sont les deniers, & les autres meubles qui n'ont pas de suite, tellement qu'ils sont présumés appartenir à ceux en la possession desquels ils se trouvent.*

M. Pothier dans son Traité des Donations entre vifs, sect. 2, page 462, édition *in-4°.*, est du même avis; la Jurisprudence sur ce point se joint à celle de la raison

& de la Loi : Ricard rapporte deux Arrêts, ils ne laissent pas lieu à la plus légère difficulté ; ainsi, à l'instant même où le Marquis de Lestorieres s'est défaisi, & que le Chevalier du Petit-Thouars a reçu, celui-ci est devenu maître. La tradition est son titre, il a pu disposer de l'argent, il l'a fait. L'obligation du Comte de Maillebois est à son profit, voilà la preuve complette de sa propriété, jusqu'à ce qu'on prouve clair comme le jour qu'il étoit prête-nom, qu'il y avoit une contre-lettre, ou qu'il a reçu à titre de fidéi-commis, des raisonnemens, des conjectures, des conséquences, & l'art le plus subtil, ne peuvent ébranler la certitude de ses principes ; ils sont fondés sur la nature des choses, l'expérience journalière les confirme, elle en garantit l'effet inviolable.

Ces principes ne pourroient éprouver de contradiction, qu'autant qu'il seroit établi que la possession du Chevalier du Petit-Thouars est furtive & de mauvaise foi, ces principes ont été respectés jusqu'à présent, on ne les a pas contredits dans les volumineux écrits des Adversaires ; jusqu'ici, ils n'ont fait que s'écrier sur l'expoliation & le prétendu vol, sans aucune preuve ; le Chevalier du Petit-Thouars, par le procès même, a prouvé qu'il ne s'étoit prêté à aucune manœuvre ; il a reçu, parce qu'il lui étoit dû : il étoit naturel au créancier de recevoir, & au débiteur, de se libérer. Rien ne paroît avoir été fait en fraude des créanciers : le Marquis de Lestorieres a pu acquitter sa dette, il n'étoit pas en faillite, il pouvoit payer celui de ces créanciers qu'il croyoit devoir préférer, il avoit une verrerie confidérable, pour 20000 liv. de contrat sur la ville, de l'argent comptant chez Me Paulmier, Notaire, & 14000 qui lui revenoient fur la terre de Leftorieres, vendue à grace, fon mobilier, & d'autres reffources pour payer fes autres créanciers; ils le feroient déjà, fi des confeils perfides n'avoient préféré d'employer les deniers de la fucceffion à plaider, & à foutenir un procès ruineux pour les créanciers, fi le Marquis de Leftorieres avoit vécu; ceux-ci n'auroient pu fe plaindre de ce qu'il avoit préféré le Chevalier du Petit-Thouars : l'argent étoit libre dans fes mains, il n'étoit frappé d'aucune oppofition ; après fa mort, ils n'ont pas plus de droit qu'il n'en auroit eu lui-même.

La propriété du Chevalier du Petit-Thouars eft conftante & inattaquable, fon innocence a été mife à l'épreuve par la procédure où elle a paffé ; aucun témoins n'a dépofé avoir connoiffance de la fraude, aucune circonftance ne la décéle, tout au contraire, l'écarte. Les interrogatoires du Chevalier du Petit-Thouars, comme les dépofitions des témoins manifeftent qu'il n'eft point prête-nom. Dans fes réponfes aux interrogatoires, il a ingénument déclaré comment les chofes s'étoient paffées, dans prefque toutes, il parle de fes créances, de fes avances, des prés, des facrifices; dans l'une, il a dit « qu'il avoit d'abord » avancé 30000 liv., » enfuite dans une autre, qu'outre cela, » qu'il avoit fait les fraïs du procès avec la maifon de l'Eftenduere, il avoit donc un titre pour recevoir le paiement, & quand même ce qui lui a été donné à ce titre, auroit excédé fon du; le Marquis de Leftorieres entendoit le lui donner, par la maniere dont il lui remit ; mais ce qui ôte toute équivoque, & prouve qu'il n'a point profité d'excédent, ce font les rembourfemens des 6000 livres d'une part, les 25000 livres de l'autre, & fi, dans fes réponfes, il

n'a

n'a pas fait le détail de ſes objets, ce n'eſt pas une raiſon pour ne pas croire qu'il les a payés : les trois lettres écrites à mademoiſelle du Petit-Thouars écartent tout ſoupçon, & prouvent des avances fortes, & à la rigueur, il ne les auroit pas ſes lettres, il lui ſuffit du paiement & de la tradition, l'un & l'autre cas ne doivent pas altérer ſa propriété ; ſon titre eſt inattaquable, & les Adverſaires n'ont pu ſur aucun prétexte, attaquer ce titre ; les principes ſont conſtants & invariables : on ne peut détruire un titre par la preuve teſtimonale; l'Ordonnance de Moulin & celle de 1667, portent expreſſément, *qu'il ne ſera reçu aucune preuve par témoins contre, & outre le contenu au titre, ni ſur ce qu'il ſeroit allégué avoir été dit ou convenu avant, lors & depuis les aĉes*; tel eſt le texte de la Loi ; & les oracles de notre Juriſprudence ont toujours réclamé ſa maxime ſalutaire.

En 1664, une veuve Badin attaqua un titre, & offrit la preuve teſtimoniale, les premiers Juges l'ordonnèrent, mais ſur l'appel, M. l'Avocat-Général Talon, procura les vrais principes, & voici ſes termes : *s'il étoit permis d'oppoſer la preuve vocale à la preuve par écrit, il n'y auroit plus rien de ſacré, plus d'aĉe qu'on ne pût détruire; il eſt raiſonnable d'ajouter foi aux aĉes, & injuſte, de leur préférer des témoignages :* l'Arrêt qui fut rendu, confirma cette maxime fondamentale.

Quelque temps après, pareille queſtion ſe préſente ; Monſieur l'Avocat-Général Bignon s'éleva contre l'information faite pour détruire un aĉe : cette voir, dit ce Magiſtrat, *eſt de la qualité de celles que l'abus voudroit introduire, & dans leſquelles l'on s'imagine que c'eſt aſſez d'avoir des témoins pour détruire des écrits, ce qui eſt un aĉe deſtruĉif des vraies maximes, qu'il eſt néceſſaire de réprimer;*

H

l'Arrêt fut conforme à fes conclufions, il fe trouve au Journal des Audiences.

En 1723, une pareille efpèce fe préfente ; il s'agiffoit d'une procédure criminelle pour détruire une obligation : on foutenoit que celui au profit duquel elle étoit faite, n'avoit point fourni de valeur. Monfieur l'Avocat-Général Gilbert de Voifins, pofa pour principe , *que toutes voyes indirectes, ménagées pour introduire la preuve teftimoniale, étoient autant de fraudes à l'ordre public, & une fubtilité criminelle, pour faire recevoir la preuve prohibée par les Ordonnances.* L'Arrêt profcrit en effet la procédure.

Il exifte encore nombre d'Arrêts fur cette matière, on en trouve dans le Journal des Audiences, tome 7, dans les Plaidoyers de M. le Nain, dans les Œuvres de M. d'Aguelfeau, tome 3 ; il y a encore une infinité de pareils Arrêts modernes, fur les conclufions de MM. de Saint-Farjeau, Seguier & Joli de Fleury.

Le titre que le Chevalier a en fa faveur affure que les deniers étoient à lui ; il a cependant prouvé comment ils lui avoient été remis. Les Adverfaires ont foutenu qu'il étoit prête-nom , & avoit fait une contre-lettre qu'il avoit fouftraite, ainfi que l'argent & les effets royaux. Il eft établi qu'il ne pouvoit exifter ni l'un ni l'autre dans le fecrétaire. Les Adverfaires, en leur qualité d'accufateurs, devoient tout prouver, & ils n'ont rien, abfolument rien établi. Pouvoient-ils démontrer ce qui n'a pas exifté. Ils n'avoient ni prétexte ni raifon pour rendre plainte. Leurs folles prétention euffent-elles été fondées, ne pouvoient donner lieu à une action criminelle. Elles n'auroient préfenté ni délit ni quafi délit.

Les Juges du Châtelet ont été convaincus que la plainte étoit calomnieufe fur tous les objets. Ils ont déchargé le

Chevalier du Petit-Thouars, fauf aux accufateurs à fe pourvoir, ainfi qu'ils aviferoient bon être.

Cette fentence établit la ligne de démarcation & la
route qui devoit être prife ; il n'y a point de prétexte à une
action criminelle. Toute action en divertiffement, & récelé quand elle eft prouvée, fe réfout en dommages-intérêts.
tout fidéi-commis, quand il eft établi, ne donne lieu qu'à
la reftitution. Ici il n'y avoit ni motif ni prétexte pour aucune de ces deux actions, moins encore pour une action
criminelle. Il faut donc la profcrire & venger le Chevalier
du Petit-Thouars.

La Cour trouvera dans fa fageffe le moyen de fortir les
Parties d'affaire, & de juger le fond. Les conclufions fur
la validité ou l'invalidité de l'acte ont été prifes refpectivement.

Ce procès va enfin recevoir fa décifion. Il eft temps que
la calomnie foit confondue ; elle le fera par la feule certitude que le Chevalier du Petit-Thouars n'a point prêté
fon nom au Marquis de Leftorieres ; qu'il n'a point fouftrait
la contre-lettre méchamment fuppofée pour avoir le prétexte de l'accufer du plus lâche des crimes. Il a reçu
59344 livres au titre légitime de créancier pour acquit de
fes avances ; & pour avoir ouvert un fecrétaire fur l'ordre
exprès du Marquis de Leftoriere, en fa préfence, pour en
avoir forti des Lettres qui n'intéreffoient ni les créanciers ni
les héritiers. Il a été livré au feu d'une pourfuite extraordinaire. Cette action n'eft pas un crime. Si des perfonnes
auftères pouvoient la regarder comme une imprudence,
elle trouveroit fon excufe par le defir d'un homme mourant qui voulut ne laiffer aucune trace de fes paffions, &
par l'exceffive délicateffe d'un ancien Militaire qui a rempli cette miffion en préfence de huit perfonnes.

6o

Au moment de voir triompher fon innocenfe, l'erreur
d'un fage & la feule opinion de ce Juge l'a fait renvoyer
à la Tournelle. Cet événement n'a pas abattu fon courage. Il
eft cependant devenu une arme meurtrière dans les mains des
accufateurs. Ils ont ofé s'en faire un prétexte pour fe livrer à
la plus vive déclamation. On l'a annoncé comme un pré-
jugé fatal d'une condamnation rigoureufe. Il ne fervira qu'à
manifefter la juftification de l'accufé avec plus d'éclat. Il
ne redoute point l'exceffive févérité de la Cour. Il a une
plus haute idée de fa juftice ; il fait qu'elle proportionne
les peines aux crimes, comme les réparations à l'atrocité des
accufations. Dans celle du Chevalier du Petit-Thouars on
ne trouvera aucun délit ; on ne verra qu'un innocent per-
fécuté. On s'eft plu de le traîner de Tribunaux en Tribunaux, de le livrer à la plus cruelle diffamation ; rien n'a
été refpecté. On s'eft permis les qualifications les plus fcan-
daleufes. L'implacable fureur de fes accufateurs a eu pour
objet de compromettre fa fortune, fon honneur & celui
d'une famille recommandable. Douze Membres de cette
famille, actuellement au fervice, réclament la vengeance
d'un outrage fait à leur nom. Ils défendent la patrie au
dehors, & édifient dans l'intérieur par leur conduite & les
principes d'honneur dont ils ne fe font jamais écartés. Ils
attendent avec confiance une réparation publique qui ap-
prenne aux méchants que l'innocenfe trouve des vengeurs.
Signé, le Chevalier DU PETIT-THOUARS.

Monfieur *TITON DE VILLOTRAN*, Rapporteur,

Me ADER, Avocat.

DUMORTOU, Procureur.

A Paris, chez KNAPEN & Fils, Lib.-Impr. de la Cour
des Aides, au bas du Pont Saint-Michel. 1784.